卞尺丹几乙し丹卞と

Translated Language Learning

The Communist Manifesto

مانیفست کمونیست

Karl Marx & Friedrich Engels

کارل مارکس و فردریش انگلس

English / فارسی

Published by Tranzlaty
ISBN: 978-1-83566-463-6
Original text by Karl Marx and Friedrich Engels
The Communist Manifesto
First published in 1848
www.tranzlaty.com

Introduction
مقدمه

A spectre is haunting Europe — the spectre of Communism

شبحی اروپا را تسخیر می کند - شبح کمونیسم

All the Powers of old Europe have entered into a holy alliance to exorcise this spectre

تمام قدرتهای اروپای قدیم به یک اتحاد مقدس وارد شدهاند تا این شبح را از بین ببرد

Pope and Czar, Metternich and Guizot, French Radicals and German police-spies

پاپ و تزار، مترنیخ و گیزوت، رادیکالهای فرانسوی و جاسوسان پلیس المان

Where is the party in opposition that has not been decried as Communistic by its opponents in power?

حزب اپوزیسیون کجاست که از سوی مخالفانش در قدرت به عنوان کمونیست محکوم نشده است؟

Where is the Opposition that has not hurled back the branding reproach of Communism, against the more advanced opposition parties?

اپوزیسیون کجاست که سرزنش کمونیسم را علیه احزاب اپوزیسیون پیشرفته تر رد نکرده است؟

And where is the party that has not made the accusation against its reactionary adversaries?

و حزبی که این اتهام را علیه دشمنان ارتجاعی خود مطرح نکرده است کجاست؟

Two things result from this fact

دو نتیجه از این واقعیت

I. Communism is already acknowledged by all European Powers to be itself a Power

ا. کمونیسم در حال حاضر توسط تمام قدرت های اروپایی به عنوان یک قدرت شناخته شده است

II. It is high time that Communists should openly, in the face of the whole world, publish their views, aims and tendencies

زمان ان رسیده است که کمونیست ها در مواجهه با کل جهان، دیدگاه ها، اهداف و گرایش های خود را اشکارا منتشر کنند.

they must meet this nursery tale of the Spectre of Communism with a Manifesto of the party itself

باید این داستان کودکانه شبح کمونیسم را با مانیفست خود حزب به دست اورند

To this end, Communists of various nationalities have assembled in London and sketched the following Manifesto

برای این منظور، کمونیستهای ملیتهای مختلف در لندن گرد هم امده و مانیفست زیر را ترسیم کردهاند.

this manifesto is to be published in the English, French, German, Italian, Flemish and Danish languages

این مانیفست قرار است به زبانهای انگلیسی، فرانسوی، المانی، ایتالیایی، فلاندری و دانمارکی منتشر شود.

And now it is to be published in all the languages that Tranzlaty offers

و در حال حاضر ان را به تمام زبان هایی که Tranzlaty ارائه می دهد منتشر می شود

Bourgeois and the Proletarians
بورژوازی و پرولترها

The history of all hitherto existing societies is the history of class struggles

تاریخ تمام جوامعی که تاکنون وجود داشتهاند، تاریخ مبارزات طبقاتی است.

Freeman and slave, patrician and plebeian, lord and serf, guild-master and journeyman

فریمن و برده، اشراف زاده و مردم، لرد و رعیت، استاد صنفی و مسافر

in a word, oppressor and oppressed

در یک کلمه، ستمگر و سرکوب شده

these social classes stood in constant opposition to one another

این طبقات اجتماعی همواره در مخالفت با یکدیگر ایستاده بودند

they carried on an uninterrupted fight. Now hidden, now open

انها به یک نبرد بی وقفه ادامه دادند. حالا پنهان، حالا باز

a fight that either ended in a revolutionary re-constitution of society at large

مبارزه ای که یا به یک بازسازی انقلابی جامعه به طور کلی به پایان رسید.

or a fight that ended in the common ruin of the contending classes

یا جنگی که به نابودی مشترک طبقات رقیب منتهی میشد

let us look back to the earlier epochs of history

بیایید به گذشتههای پیشین تاریخ بنگریم

we find almost everywhere a complicated arrangement of society into various orders

ما تقریبا در همه جا یک نظم پیچیده از جامعه را به ترتیب های مختلف می بینیم

there has always been a manifold gradation of social rank

همیشه درجه بندی چندگانه ای از رتبه اجتماعی وجود داشته است

In ancient Rome we have patricians, knights, plebeians, slaves

در روم باستان ما اشراف زاده ها، شوالیه ها، مردم، بردگان داریم

in the Middle Ages: feudal lords, vassals, guild-masters, journeymen, apprentices, serfs

در قرون وسطی: اربابان فئودال، رعیت، استادان صنفی، مسافران، کاراموزان، رعیت ها

in almost all of these classes, again, subordinate gradations

تقریبا در تمام این کلاسها، دوباره، درجهبندیهای فرعی

The modern Bourgeoisie society has sprouted from the ruins of feudal society

جامعه بورژوازی مدرن از ویرانه های جامعه فئودالی جوانه زده است

but this new social order has not done away with class antagonisms

اما این نظم اجتماعی جدید خصومتهای طبقاتی را از بین نمی برد

It has but established new classes and new conditions of oppression

فقط طبقات جدید و شرایط جدید سرکوب را ایجاد کرده است

it has established new forms of struggle in place of the old ones

به جای ان کهن اشکال جدیدی از مبارزه ایجاد کرده است

however, the epoch we find ourselves in possesses one distinctive feature

با این حال، دوره ای که ما خودمان را در ان می بینیم دارای یک ویژگی متمایز است

the epoch of the Bourgeoisie has simplified the class antagonisms

عصر بورژوازی تضادهای طبقاتی را ساده کرده است

Society as a whole is more and more splitting up into two great hostile camps

جامعه به عنوان یک کل بیشتر و بیشتر به دو اردوگاه بزرگ خصمانه تقسیم می شود

two great social classes directly facing each other: Bourgeoisie and Proletariat

دو طبقه بزرگ اجتماعی که مستقیما روبروی هم قرار دارند: بورژوازی و پرولتاریا

From the serfs of the Middle Ages sprang the chartered burghers of the earliest towns

از رعایای قرون وسطی، دهات اجاره شده شهرهای اولیه به وجود امده بود

From these burgesses the first elements of the Bourgeoisie were developed

از این برگها نخستین عناصر بورژوازی به وجود امده بود

The discovery of America and the rounding of the Cape

کشف امریکا و گرد کردن دماغه

these events opened up fresh ground for the rising Bourgeoisie

این حوادث زمینهای تازه را برای بورژوازی در حال رشد باز کرد

The East-Indian and Chinese markets, the colonisation of America, trade with the colonies

بازارهای هند شرقی و چین، استعمار امریکا، تجارت با مستعمرات

the increase in the means of exchange and in commodities generally

افزایش در ابزار مبادله و در کالاها به طور کلی

these events gave to commerce, navigation, and industry an impulse never before known

این رویدادها به تجارت، دریانوردی و صنعت انگیزهای داد که پیش از این هرگز شناخته نشده بود.

it gave rapid development to the revolutionary element in the tottering feudal society

این امر به سرعت به عنصر انقلابی در جامعه فئودالی متزلزل تبدیل شد

closed guilds had monopolised the feudal system of industrial production

اصناف بسته نظام فئودالی تولید صنعتی را در انحصار خود گرفته بودند

but this no longer sufficed for the growing wants of the new markets

اما این دیگر برای افزایش خواسته های بازارهای جدید کافی نبود

The manufacturing system took the place of the feudal system of industry

نظام تولید جای نظام فئودالی صنعت را گرفت

The guild-masters were pushed on one side by the manufacturing middle class

استادان صنفی توسط طبقه متوسط تولیدی به یک طرف هل داده شدند

division of labour between the different corporate guilds vanished

تقسیم کار بین اصناف مختلف شرکت ها ناپدید شد

the division of labour penetrated each single workshop

تقسیم کار در تک تک کارگاهها نفوذ کرد

Meantime, the markets kept ever growing, and the demand ever rising

در همین حال، بازارها همچنان در حال رشد بودند و تقاضا همیشه افزایش می یافت

Even factories no longer sufficed to meet the demands

حتی کارخانهها هم دیگر برای براورده کردن خواستهها کفایت نمیکنند.

Thereupon, steam and machinery revolutionised industrial production

پس از ان، بخار و ماشین الات انقلابی در تولید صنعتی ایجاد کردند

The place of manufacture was taken by the giant, Modern Industry

محل تولید توسط غول پیکر، صنعت مدرن گرفته شده است

the place of the industrial middle class was taken by industrial millionaires

میلیونر های صنعتی جای طبقه متوسط صنعتی را گرفتند

the place of leaders of whole industrial armies were taken by the modern Bourgeoisie

بورژوازی مدرن جای رهبران کل ارتشهای صنعتی را گرفت

the discovery of America paved the way for modern industry to establish the world market

کشف امریکا راه را برای صنعت مدرن برای ایجاد بازار جهانی هموار کرد

This market gave an immense development to commerce, navigation, and communication by land

این بازار توسعه عظیمی به تجارت، ناوبری و ارتباطات از راه زمینی داد.

This development has, in its time, reacted on the extension of industry

این توسعه، در زمان خود، در گسترش صنعت واکنش نشان داده است

it reacted in proportion to how industry extended, and how commerce, navigation and railways extended

نسبت به چگونگی گسترش صنعت و چگونگی گسترش تجارت، ناوبری
و راه اهن واکنش نشان داد.
in the same proportion that the Bourgeoisie developed, they
increased their capital
به همان نسبتی که بورژوازی توسعه داد، سرمایه خود را افزایش دادند
and the Bourgeoisie pushed into the background every class
handed down from the Middle Ages
و بورژوازی هر طبقهای را که از قرون وسطی به دست امده بود به
پیشزمینه هل میداد
therefore the modern Bourgeoisie is itself the product of a
long course of development
بنابراین بورژوازی مدرن خود محصول یک دوره طولانی توسعه است.
we see it is a series of revolutions in the modes of
production and of exchange
ما میبینیم که این یک سلسله انقلابها در شیوههای تولید و مبادله است.
Each developmental Bourgeoisie step was accompanied by a
corresponding political advance
هر گام رشدی بورژوازی با یک پیشرفت سیاسی متناظر همراه بود
An oppressed class under the sway of the feudal nobility
یک طبقه سرکوب شده تحت سلطه اشراف فئودالی
an armed and self-governing association in the mediaeval
commune
یک انجمن مسلح و خودگردان در کمون قرون وسطی
here, an independent urban republic (as in Italy and
Germany)
در اینجا، یک جمهوری شهری مستقل (مانند ایتالیا و المان)
there, a taxable "third estate" of the monarchy (as in France)
در انجا، "املاک سوم" مشمول مالیات سلطنت (مانند فرانسه)
afterwards, in the period of manufacture proper
پس از ان، در دوره تولید مناسب
the Bourgeoisie served either the semi-feudal or the absolute
monarchy
بورژوازی یا به سلطنت نیمه فئودالی خدمت می کرد یا به سلطنت مطلقه
or the Bourgeoisie acted as a counterpoise against the
nobility
یا بورژوازی به عنوان ضدیت با اشراف عمل میکرد

and, in fact, the Bourgeoisie was a corner-stone of the great monarchies in general

و در واقع، بورژوازی سنگ گوشه ای از سلطنت های بزرگ به طور کلی بود

but Modern Industry and the world-market established itself since then

اما صنعت مدرن و بازار جهانی از ان زمان به بعد خود را تثبیت کرد.

and the Bourgeoisie has conquered for itself exclusive political sway

و بورژوازی برای خود سلطه سیاسی انحصاری را فتح کرده است

it achieved this political sway through the modern representative State

این نفوذ سیاسی را از طریق دولت نماینده مدرن به دست اورد

The executives of the modern State are but a management committee

مدیران دولت مدرن فقط یک کمیته مدیریتی هستند

and they manage the common affairs of the whole of the Bourgeoisie

و امور مشترک کل بورژوازی را اداره میکنند

The Bourgeoisie, historically, has played a most revolutionary part

بورژوازی، از لحاظ تاریخی، انقلابی ترین نقش را ایفا کرده است.

wherever it got the upper hand, it put an end to all feudal, patriarchal, and idyllic relations

هر جا که دست بالا را می گرفت، به تمام روابط فئودالی، پدرسالارانه و روستایی پایان می داد.

It has pitilessly torn asunder the motley feudal ties that bound man to his "natural superiors"

این بی رحمانه روابط فئودالی رنگارنگ را که انسان را به "مافوق طبیعی" خود متصل می کند، پاره کرده است.

and it has left remaining no nexus between man and man, other than naked self-interest

و هیچ ارتباطی بین انسان و انسان باقی نمانده است، به جز منافع شخصی برهنه

man's relations with one another have become nothing more than callous "cash payment"

روابط انسان با یکدیگر چیزی بیش از "پرداخت نقدی" بی رحمانه نیست
It has drowned the most heavenly ecstasies of religious fervour

این شور و شوق اسمانی ترین شور و شوق مذهبی را غرق کرده است.
it has drowned chivalrous enthusiasm and philistine sentimentalism

شور و شوق جوانمردانه و احساسات بیفرهنگی را غرق کرده است
it has drowned these things in the icy water of egotistical calculation

این چیزها را در اب یخ زده محاسبات خودخواهانه غرق کرده است
It has resolved personal worth into exchangeable value

ارزش شخصی را به ارزش قابل مبادله تبدیل کرده است.
it has replaced the numberless and indefeasible chartered freedoms

این ازادیهای بی شمار و غیر قابل انکار را جایگزین کرده است
and it has set up a single, unconscionable freedom; Free Trade

و یک ازادی واحد و غیرمنطقی ایجاد کرده است. تجارت ازاد
In one word, it has done this for exploitation

در یک کلمه، این کار را برای بهره برداری انجام داده است
exploitation veiled by religious and political illusions

استثماری که با توهمات مذهبی و سیاسی پوشیده شده بود
exploitation veiled by naked, shameless, direct, brutal exploitation

استثمار پوشیده از استثمار برهنه، بی شرمانه، مستقیم و وحشیانه
the Bourgeoisie has stripped the halo off every previously honoured and revered occupation

بورژوازی هاله را از هر اشغالی که قبلا مورد احترام و احترام قرار گرفته است، برداشته است
the physician, the lawyer, the priest, the poet, and the man of science

پزشک، وکیل، کشیش، شاعر و مرد علم
it has converted these distinguished workers into its paid wage labourers

این کارگران برجسته را به کارگران مزدبگیر خود تبدیل کرده است

The Bourgeoisie has torn the sentimental veil away from the family

بورژوازی حجاب احساسی را از خانواده جدا کرده است

and it has reduced the family relation to a mere money relation

و رابطه خانوادگی را به یک رابطه پولی صرف تقلیل داده است

the brutal display of vigour in the Middle Ages which Reactionists so much admire

نمایش وحشیانه قدرت در قرون وسطی که ارتجاعیان ان را بسیار تحسین میکنند

even this found its fitting complement in the most slothful indolence

حتی این کار هم در تنبلی و تنبلی کامل بود

The Bourgeoisie has disclosed how all this came to pass

بورژوازی فاش کرده است که چگونه همه اینها به وقوع می انجامد

The Bourgeoisie have been the first to show what man's activity can bring about

بورژوازی نخستین کسی بود که نشان داد فعالیت انسان چه چیزی میتواند به بار اورد.

It has accomplished wonders far surpassing Egyptian pyramids, Roman aqueducts, and Gothic cathedrals

این شگفتی ها به مراتب فراتر از اهرام مصر، قنات های رومی و کلیساهای گوتیک است.

and it has conducted expeditions that put in the shade all former Exoduses of nations and crusades

و سفرهایی را انجام داده است که تمام خروجهای پیشین ملتها و جنگهای صلیبی را در سایه قرار داده است

The Bourgeoisie cannot exist without constantly revolutionising the instruments of production

بورژوازی نمیتواند بدون انقلابی مداوم در ابزارهای تولید وجود داشته باشد.

and thereby it cannot exist without its relations to production

و از این طریق نمیتواند بدون روابطش با تولید وجود داشته باشد.

and therefore it cannot exist without its relations to society

و از این رو نمیتواند بدون روابطش با جامعه وجود داشته باشد

all earlier industrial classes had one condition in common
تمام طبقات صنعتی پیشین یک شرط مشترک داشتند
they relied on the conservation of the old modes of production
انها متکی به حفظ شیوههای قدیمی تولید بودند
but the Bourgeoisie brought with it a completely new dynamic
اما بورژوازی با ان یک پویایی کاملا جدید به ارمغان اورد
Constant revolutionizing of production and uninterrupted disturbance of all social conditions
انقلاب مداوم تولید و اختلال بی وقفه در تمام شرایط اجتماعی
this everlasting uncertainty and agitation distinguishes the Bourgeoisie epoch from all earlier ones
این عدم قطعیت و تحریک ابدی، دوران بورژوازی را از همه دورانهای پیشین متمایز میکند.
previous relations with production came with ancient and venerable prejudices and opinions
روابط قبلی با تولید با تعصبات و عقاید قدیمی و محترمی همراه بود
but all of these fixed, fast-frozen relations are swept away
اما تمام این روابط ثابت و سریع یخ زده از بین می رود
all new-formed relations become antiquated before they can ossify
تمام روابط جدید قبل از اینکه بتوانند استخوانی شوند، قدیمی می شوند
All that is solid melts into air, and all that is holy is profaned
هر چه جامد است در هوا ذوب می شود و هر چه مقدس است بی حرمتی می شود.
man is at last compelled to face with sober senses, his real conditions of life
انسان در نهایت مجبور است با حواس هوشیار، شرایط واقعی زندگی خود روبرو شود
and he is compelled to face his relations with his kind
و مجبور است با همنوعان خود رو به رو شود
The Bourgeoisie constantly needs to expand its markets for its products
بورژوازی دائما باید بازارهای خود را برای محصولاتش گسترش دهد.

and, because of this, the Bourgeoisie is chased over the whole surface of the globe

و به همین دلیل، بورژوازی در سراسر سطح جهان تعقیب می شود

The Bourgeoisie must nestle everywhere, settle everywhere, establish connections everywhere

بورژوازی باید در همه جا لانه کند، در همه جا مستقر شود، در همه جا ارتباط برقرار کند.

The Bourgeoisie must create markets in every corner of the world to exploit

بورژوازی باید بازارهایی را در هر گوشه ای از جهان برای بهره برداری ایجاد کند.

the production and consumption in every country has been given a cosmopolitan character

تولید و مصرف در هر کشور یک شخصیت جهانی داده شده است

the chagrin of Reactionists is palpable, but it has carried on regardless

غم و اندوه ارتجاعی ها قابل لمس است، اما بدون در نظر گرفتن ان ادامه یافته است

The Bourgeoisie have drawn from under the feet of industry the national ground on which it stood

بورژوازی از زیر پای صنعت، زمینه ملی را که در ان ایستاده بود، به دست اورده است.

all old-established national industries have been destroyed, or are daily being destroyed

تمام صنایع ملی قدیمی نابود شده اند یا روزانه نابود می شوند

all old-established national industries are dislodged by new industries

تمام صنایع ملی قدیمی توسط صنایع جدید از بین می رود

their introduction becomes a life and death question for all civilised nations

معرفی انها تبدیل به یک مسئله مرگ و زندگی برای همه ملت های متمدن می شود

they are dislodged by industries that no longer work up indigenous raw material

انها توسط صنایعی که دیگر مواد خام بومی را کار نمی کنند، از بین می رود

instead, these industries pull raw materials from the remotest zones

در عوض، این صنایع مواد خام را از دور افتاده ترین مناطق می کشند

industries whose products are consumed, not only at home, but in every quarter of the globe

صنایعی که محصولات انها نه تنها در خانه بلکه در هر چهارم جهان مصرف می شود

In place of the old wants, satisfied by the productions of the country, we find new wants

به جای خواسته های قدیمی، که از تولیدات کشور راضی هستند، خواسته های جدیدی پیدا می کنیم.

these new wants require for their satisfaction the products of distant lands and climes

این احتیاجات جدید برای ارضای انها به فراوردههای سرزمینهای دوردست و اقلیمها نیاز دارد

In place of the old local and national seclusion and self-sufficiency, we have trade

به جای انزوا و خودکفایی قدیمی محلی و ملی، ما تجارت داریم

international exchange in every direction; universal inter-dependence of nations

تبادل بین المللی در هر جهت وابستگی جهانی ملتها

and just as we have dependency on materials, so we are dependent on intellectual production

و همانطور که ما به مواد وابسته هستیم، ما به تولید فکری وابسته هستیم

The intellectual creations of individual nations become common property

خلاقیت های فکری ملت ها به مالکیت مشترک تبدیل می شوند

National one-sidedness and narrow-mindedness become more and more impossible

یک طرفه بودن و کوته فکری ملی بیشتر و بیشتر غیرممکن می شود

and from the numerous national and local literatures, there arises a world literature

و از ادبیات ملی و محلی متعدد، ادبیات جهانی بوجود می اید

by the rapid improvement of all instruments of production

با بهبود سریع تمام ابزارهای تولید

by the immensely facilitated means of communication

سوگند به ان که بسیار اسان است،

The Bourgeoisie draws all (even the most barbarian nations) into civilisation

بورژوازی همه (حتی وحشی ترین ملت ها) را به تمدن می کشاند

The cheap prices of its commodities; the heavy artillery that batters down all Chinese walls

قیمت ارزان کالاهای ان توپخانه سنگین که تمام دیوارهای چینی را ویران می کند

the barbarians' intensely obstinate hatred of foreigners is forced to capitulate

نفرت سرسختانه بربرها از خارجیها مجبور به تسلیم شدن است

It compels all nations, on pain of extinction, to adopt the Bourgeoisie mode of production

این همه ملت ها را مجبور می کند، در درد انقراض، شیوه تولید بورژوازی را اتخاذ کنند

it compels them to introduce what it calls civilisation into their midst

انها را مجبور می کند تا انچه را که تمدن می نامد به میان خود معرفی کنند

The Bourgeoisie force the barbarians to become Bourgeoisie themselves

بورژوازی بربرها را مجبور می کند تا خود بورژوازی شوند

in a word, the Bourgeoisie creates a world after its own image

در یک کلام، بورژوازی دنیایی را پس از تصویر خود ایجاد می کند

The Bourgeoisie has subjected the countryside to the rule of the towns

بورژوازی روستا را تابع حکومت شهرها کرده است

It has created enormous cities and greatly increased the urban population

شهرهای بزرگی ایجاد کرده و جمعیت شهری را به شدت افزایش داده است.

it rescued a considerable part of the population from the idiocy of rural life

بخش قابل توجهی از جمعیت را از حماقت زندگی روستایی نجات داد

but it has made those in the the countryside dependent on the towns

اما باعث شده است که کسانی که در حومه شهر هستند وابسته به شهرها باشند

and likewise, it has made the barbarian countries dependent on the civilised ones

و به همین ترتیب، کشورهای بربر را وابسته به کشورهای متمدن کرده است

nations of peasants on nations of Bourgeoisie, the East on the West

ملت های دهقانان در کشورهای بورژوازی، شرق در غرب

The Bourgeoisie does away with the scattered state of the population more and more

بورژوازی هر روز بیشتر و بیشتر وضعیت پراکنده مردم را از بین می برد

It has agglomerated production, and has concentrated property in a few hands

تولید را افزایش داده و مالکیت را در چند دست متمرکز کرده است

The necessary consequence of this was political centralisation

نتیجه ضروری این امر تمرکز سیاسی بود.

there had been independent nations and loosely connected provinces

ملتهای مستقل و استانهای بیبند و بار دیگر به هم وصل بودند

they had separate interests, laws, governments and systems of taxation

انها منافع، قوانین، دولت ها و سیستم های مالیاتی جداگانه ای داشتند

but they have become lumped together into one nation, with one government

اما انها با هم به یک ملت تبدیل شده اند، با یک دولت

they now have one national class-interest, one frontier and one customs-tariff

انها اکنون یک منافع طبقاتی ملی، یک مرز و یک تعرفه گمرکی دارند.

and this national class-interest is unified under one code of law

و این منافع طبقاتی ملی تحت یک قانون متحد می شود

the Bourgeoisie has achieved much during its rule of scarce one hundred years

بورژوازی در طول حکومت صد ساله خود دستاوردهای زیادی کسب کرده است

more massive and colossal productive forces than have all preceding generations together

نیروهای تولیدی عظیم تر و عظیم تر از همه نسل های قبلی با هم

Nature's forces are subjugated to the will of man and his machinery

نیروهای طبیعت مطیع اراده انسان و ماشین او هستند

chemistry is applied to all forms of industry and types of agriculture

شیمی به تمام اشکال صنعت و انواع کشاورزی اعمال می شود

steam-navigation, railways, electric telegraphs, and the printing press

ناوبری بخار، راه اهن، تلگراف الکتریکی و دستگاه چاپ

clearing of whole continents for cultivation, canalisation of rivers

پاکسازی کل قاره ها برای کشت، کانالیزه کردن رودخانه ها

whole populations have been conjured out of the ground and put to work

تمام جمعیت از زمین بیرون اورده شده و به کار گرفته شده است

what earlier century had even a presentiment of what could be unleashed?

چه قرنی پیش حتی تصوری از انچه که می توانست ازاد شود داشت؟

who predicted that such productive forces slumbered in the lap of social labour?

چه کسی پیشبینی کرده بود که چنین نیروهای تولیدی در دامان کار اجتماعی خفتهاند؟

we see then that the means of production and of exchange were generated in feudal society

در این صورت میبینیم که وسائل تولید و مبادله در جامعه فئودالی تولید شده است

the means of production on whose foundation the Bourgeoisie built itself up

وسایل تولید که بورژوازی بر پایه ان بنا شده بود

At a certain stage in the development of these means of
production and of exchange

در مرحله معینی از توسعه این وسایل تولید و مبادله

the conditions under which feudal society produced and
exchanged

شرایطی که جامعه فئودالی تحت ان تولید و مبادله می کرد

the feudal organisation of agriculture and manufacturing
industry

سازمان فئودالی کشاورزی و صنعت تولید

the feudal relations of property were no longer compatible
with the material conditions

مناسبات فئودالی مالکیت دیگر با شرایط مادی سازگار نبود

They had to be burst asunder, so they were burst asunder

انها باید از هم جدا میشدند، بنابراین از هم جدا میشدند.

Into their place stepped free competition from the
productive forces

به جای انها رقابت ازاد از نیروهای مولد

and they were accompanied by a social and political
constitution adapted to it

و انها با یک قانون اساسی اجتماعی و سیاسی سازگار با ان همراه بودند

and it was accompanied by the economical and political
sway of the Bourgeoisie class

و با نفوذ اقتصادی و سیاسی طبقه بورژوازی همراه بود

A similar movement is going on before our own eyes

یک حرکت مشابه در مقابل چشمان ما در حال انجام است

Modern Bourgeoisie society with its relations of production,
and of exchange, and of property

جامعه بورژوازی مدرن با روابط تولید و مبادله و مالکیت

a society that has conjured up such gigantic means of
production and of exchange

جامعهای که چنین ابزار عظیم تولید و مبادلهای را به وجود اورده است

it is like the sorcerer who called up the powers of the nether
world

مثل جادوگریه که قدرتهای دنیای رو احضار کرده

but he is no longer able to control what he has brought into
the world

اما او دیگر قادر نیست انچه را که به جهان اورده است کنترل کند

For many a decade past history was tied together by a common thread

برای چندین دهه تاریخ گذشته توسط یک موضوع مشترک به هم گره خورده بود

the history of industry and commerce has been but the history of revolts

تاریخ صنعت و تجارت چیزی جز تاریخ طغیان نبوده است

the revolts of modern productive forces against modern conditions of production

شورش نیروهای تولیدی مدرن علیه شرایط مدرن تولید

the revolts of modern productive forces against property relations

شورش نیروهای مولد مدرن علیه روابط مالکیت

these property relations are the conditions for the existence of the Bourgeoisie

این مناسبات مالکیت، شرایط وجود بورژوازی است.

and the existence of the Bourgeoisie determines the rules for property relations

و وجود بورژوازی قواعد روابط مالکیت را تعیین میکند.

it is enough to mention the periodical return of commercial crises

کافی است به بازگشت دوره ای بحرانهای تجاری اشاره کنیم

each commercial crisis is more threatening to Bourgeoisie society than the last

هر بحران تجاری برای جامعه بورژوازی بیشتر از بحران قبلی تهدید کننده است.

In these crises a great part of the existing products are destroyed

در این بحران ها بخش بزرگی از محصولات موجود نابود می شوند.

but these crises also destroy the previously created productive forces

اما این بحران ها همچنین نیروهای تولیدی که قبلا ایجاد شده اند را از بین می برد.

in all earlier epochs these epidemics would have seemed an absurdity

در تمام دورههای پیشین این بیماری همهگیر به نظر مضحک میامد

because these epidemics are the commercial crises of over-production

زیرا این اپیدمی ها بحران های تجاری تولید بیش از حد هستند

Society suddenly finds itself put back into a state of momentary barbarism

جامعه ناگهان خود را به حالت بربریت لحظه ای باز می گرداند

as if a universal war of devastation had cut off every means of subsistence

گویی جنگ جهانی ویرانی تمام وسایل معاش را قطع کرده است

industry and commerce seem to have been destroyed; and why?

به نظر می رسد صنعت و تجارت نابود شده است. و چرا؟

Because there is too much civilisation and means of subsistence

زیرا تمدن و وسایل معیشت بیش از حد وجود دارد

and because there is too much industry, and too much commerce

و از انجا که صنعت بیش از حد و تجارت بیش از حد وجود دارد

The productive forces at the disposal of society no longer develop Bourgeoisie property

نیروهای مولد در اختیار جامعه دیگر مالکیت بورژوازی را توسعه نمی دهند

on the contrary, they have become too powerful for these conditions, by which they are fettered

برعکس، انها برای این شرایط بیش از حد قدرتمند شده اند، که توسط انها بسته شده است

as soon as they overcome these fetters, they bring disorder into the whole of Bourgeoisie society

به محض اینکه بر این زنجیر ها غلبه کنند، بی نظمی را به کل جامعه بورژوازی وارد می کنند.

and the productive forces endanger the existence of Bourgeoisie property

و نیروهای مولد وجود مالکیت بورژوازی را به خطر میاندازند.

The conditions of Bourgeoisie society are too narrow to comprise the wealth created by them

شرایط جامعه بورژوازی محدودتر از ان است که ثروت ایجاد شده توسط انها را در بر بگیرد.

And how does the Bourgeoisie get over these crises?

بورژوازی چگونه بر این بحرانها غلبه میکند؟

On the one hand, it overcomes these crises by the enforced destruction of a mass of productive forces

از یک طرف، با تخریب اجباری توده ای از نیروهای تولیدی بر این بحران ها غلبه می کند.

on the other hand, it overcomes these crises by the conquest of new markets

از سوی دیگر، با فتح بازارهای جدید بر این بحران ها غلبه می کند.

and it overcomes these crises by the more thorough exploitation of the old forces of production

و با بهرهبرداری کاملتر از نیروهای کهن تولید بر این بحرانها فائق میشود

That is to say, by paving the way for more extensive and more destructive crises

یعنی با هموار کردن راه برای بحرانهای گستردهتر و مخربتر

it overcomes the crisis by diminishing the means whereby crises are prevented

این بحران را با کاهش وسایلی که به وسیله ان از بحران جلوگیری می شود، غلبه می کند

The weapons with which the Bourgeoisie felled feudalism to the ground are now turned against itself

سلاحهایی که بورژوازی با انها فئودالیسم را به زمین انداخت، اکنون علیه خود تبدیل شده است.

But not only has the Bourgeoisie forged the weapons that bring death to itself

اما نه تنها بورژوازی سلاح هایی را که مرگ را برای خود به ارمغان می اورد، ساخته است.

it has also called into existence the men who are to wield those weapons

همچنین مردانی را که باید از این سلاحها استفاده کنند به وجود اورده است

and these men are the modern working class; they are the proletarians

و این مردان طبقه کارگر مدرن هستند. انها پرولترها هستند
In proportion as the Bourgeoisie is developed, in the same proportion is the Proletariat developed
به نسبتی که بورژوازی توسعه می یابد، پرولتاریا به همان نسبت توسعه می یابد.
the modern working class developed a class of labourers
طبقه کارگر مدرن طبقه کارگر را توسعه داد
this class of labourers live only so long as they find work
این طبقه از کارگران فقط تا زمانی که کار پیدا می کنند زندگی می کنند
and they find work only so long as their labour increases capital
و فقط تا زمانی کار پیدا میکنند که کارشان سرمایه را افزایش دهد
These labourers, who must sell themselves piece-meal, are a commodity
این کارگران، که باید خود را تکه تکه غذا بفروشند، یک کالا هستند
these labourers are like every other article of commerce
این کارگران مانند هر نوع تجارت دیگری هستند
and they are consequently exposed to all the vicissitudes of competition
و در نتیجه در معرض همه فراز و نشیبهای رقابت قرار میگیرند
they have to weather all the fluctuations of the market
انها باید تمام نوسانات بازار را تحمل کنند
Owing to the extensive use of machinery and to division of labour
با توجه به استفاده گسترده از ماشین الات و تقسیم کار
the work of the proletarians has lost all individual character
کار پرولترها تمام خصوصیات فردی خود را از دست داده است
and consequently, the work of the proletarians has lost all charm for the workman
و در نتیجه، کار پرولترها تمام جذابیت خود را برای کارگر از دست داده است
He becomes an appendage of the machine, rather than the man he once was
او به جای مردی که زمانی بود، ضمیمه ماشین می شود.
only the most simple, monotonous, and most easily acquired knack is required of him

فقط سادهترین، یکنواختترین و اسانتر به دست امده از او لازم است

Hence, the cost of production of a workman is restricted

از این رو، هزینه تولید یک کار محدود است

it is restricted almost entirely to the means of subsistence
that he requires for his maintenance

تقریبا به طور کامل به وسایل معیشتی که او برای نگهداری خود نیاز
دارد محدود شده است

and it is restricted to the means of subsistence that he
requires for the propagation of his race

و این امر به وسایل معیشتی که او برای تبلیغ نژاد خود نیاز دارد محدود
میشود

But the price of a commodity, and therefore also of labour, is
equal to its cost of production

اما قیمت یک کالا و در نتیجه کار برابر با هزینه تولید ان است.

In proportion, therefore, as the repulsiveness of the work
increases, the wage decreases

بنابراین، به نسبت، با افزایش نفرت انگیز بودن کار، دستمزد کاهش می
یابد.

Nay, the repulsiveness of his work increases at an even
greater rate

نه، نفرت انگیز بودن کار او با سرعت بیشتری افزایش می یابد

as the use of machinery and division of labour increases, so
does the burden of toil

همانطور که استفاده از ماشین الات و تقسیم کار افزایش می یابد، بار
کار نیز افزایش می یابد

the burden of toil is increased by prolongation of the
working hours

بار کار با طولانی شدن ساعات کار افزایش می یابد

more is expected of the labourer in the same time as before

انتظار می رود که کارگر در همان زمان قبل

and of course the burden of the toil is increased by the speed
of the machinery

و البته بار کار با سرعت ماشین الات افزایش می یابد

Modern industry has converted the little workshop of the
patriarchal master into the great factory of the industrial
capitalist

صنعت مدرن کارگاه کوچک استاد پدرسالار را به کارخانه بزرگ سرمایهدار صنعتی تبدیل کرده است.

Masses of labourers, crowded into the factory, are organised like soldiers

توده های کارگری که در کارخانه جمع شده اند، مانند سربازان سازماندهی می شوند.

As privates of the industrial army they are placed under the command of a perfect hierarchy of officers and sergeants

انها به عنوان سربازان ارتش صنعتی تحت فرماندهی یک سلسله مراتب کامل از افسران و گروهبانان قرار می گیرند

they are not only the slaves of the Bourgeoisie class and State

انها نه تنها بردگان طبقه بورژوازی و دولت هستند

but they are also daily and hourly enslaved by the machine

اما انها همچنین روزانه و ساعتی توسط دستگاه به بردگی گرفته می شوند

they are enslaved by the over-looker, and, above all, by the individual Bourgeoisie manufacturer himself

انها توسط بیش از حد نگاه کننده و بالاتر از همه توسط خود تولید کننده بورژوازی فردی برده می شوند.

The more openly this despotism proclaims gain to be its end and aim, the more petty, the more hateful and the more embittering it is

هر چه این استبداد اشکارا اعلام کند که سود هدف و هدف ان است، کوچک تر، نفرت انگیزتر و تلخ تر است.

the more modern industry becomes developed, the lesser are the differences between the sexes

هر چه صنعت مدرن تر توسعه یابد، تفاوت بین جنس ها کمتر است.

The less the skill and exertion of strength implied in manual labour, the more is the labour of men superseded by that of women

هر چه مهارت و اعمال قدرت در کار دستی کمتر باشد، کار مردان بیشتر از زنان جایگزین می شود.

Differences of age and sex no longer have any distinctive social validity for the working class

تفاوت سن و جنس دیگر هیچ اعتبار اجتماعی مشخصی برای طبقه کارگر ندارد.

All are instruments of labour, more or less expensive to use, according to their age and sex

همه ابزار کار هستند، کم و بیش گران برای استفاده، با توجه به سن و جنس انها

as soon as the labourer receives his wages in cash, than he is set upon by the other portions of the Bourgeoisie

به محض اینکه کارگر دستمزد خود را به صورت نقدی دریافت می کند، توسط بخش های دیگر بورژوازی تعیین می شود

the landlord, the shopkeeper, the pawnbroker, etc

صاحبخانه، مغازه دار، دلال رهنی و غیره

The lower strata of the middle class; the small trades people and shopkeepers

اقشار پایین طبقه متوسط؛ تاجران کوچک و مغازه داران

the retired tradesmen generally, and the handicraftsmen and peasants

به طور کلی بازرگانان بازنشسته و صنایع دستی و دهقانان

all these sink gradually into the Proletariat

همه اینها به تدریج در پرولتاریا فرو می رفتند

partly because their diminutive capital does not suffice for the scale on which Modern Industry is carried on

تا حدودی به این دلیل که سرمایه کوچک انها برای مقیاسی که صنعت مدرن در ان انجام می شود کافی نیست

and because it is swamped in the competition with the large capitalists

و چون در رقابت با سرمایهداران بزرگ غرق شده است

partly because their specialized skill is rendered worthless by the new methods of production

بخشی از ان به این دلیل است که مهارت تخصصی انها با روشهای جدید تولید بیارزش شده است.

Thus the Proletariat is recruited from all classes of the population

بدین ترتیب پرولتاریا از همه طبقات جمعیت استخدام می شود

The Proletariat goes through various stages of development

پرولتاریا مراحل مختلف تکامل را طی میکند

With its birth begins its struggle with the Bourgeoisie

با تولد ان مبارزه خود را با بورژوازی اغاز می کند

At first the contest is carried on by individual labourers

در ابتدا مسابقه توسط کارگران فردی انجام می شود

then the contest is carried on by the workpeople of a factory

بعد از ان، کارگر کارخانهای مسابقه را ادامه خواهد داد

then the contest is carried on by the operatives of one trade, in one locality

سپس مسابقه توسط عاملان یک تجارت، در یک محل انجام می شود

and the contest is then against the individual Bourgeoisie who directly exploits them

و سپس مبارزه علیه بورژوازی فردی است که مستقیما انها را استثمار می کند

They direct their attacks not against the Bourgeoisie conditions of production

انها حملات خود را نه علیه شرایط تولید بورژوازی هدایت میکنند.

but they direct their attack against the instruments of production themselves

بلکه خودشان به ابزار تولید حمله میکنند

they destroy imported wares that compete with their labour

انها کالاهای وارداتی را که با کار انها رقابت می کنند، نابود می کنند

they smash to pieces machinery and they set factories ablaze

انها ماشین الات را خرد می کنند و کارخانه ها را به اتش می کشد

they seek to restore by force the vanished status of the workman of the Middle Ages

انها به دنبال بازگرداندن وضعیت از دست رفتهی کارگری قرون وسطی هستند

At this stage the labourers still form an incoherent mass scattered over the whole country

در این مرحله کارگران هنوز یک توده نامنسجم را تشکیل می دهند که در سراسر کشور پراکنده است

and they are broken up by their mutual competition

و انها با رقابت متقابلشان از هم می پاشند

If anywhere they unite to form more compact bodies, this is not yet the consequence of their own active union

اگر انها در هر جایی متحد شوند تا بدن های جمع و جور بیشتری را تشکیل دهند، این هنوز نتیجه اتحاد فعال خود انها نیست.

but it is a consequence of the union of the Bourgeoisie, to attain its own political ends

اما این نتیجه اتحاد بورژوازی است که به اهداف سیاسی خود دست یابد

the Bourgeoisie is compelled to set the whole Proletariat in motion

بورژوازی مجبور است کل پرولتاریا را به حرکت دراورد

and moreover, for a time being, the Bourgeoisie is able to do so

و علاوه بر این، برای مدتی، بورژوازی قادر به انجام این کار است

At this stage, therefore, the proletarians do not fight their enemies

بنابراین، در این مرحله، پرولتاریا با دشمنان خود نمیجنگد.

but instead they are fighting the enemies of their enemies

اما در عوض انها در حال مبارزه با دشمنان دشمنان خود هستند

the fight the remnants of absolute monarchy and the landowners

مبارزه با بقایای سلطنت مطلقه و زمینداران

they fight the non-industrial Bourgeoisie; the petty Bourgeoisie

انها با بورژوازی غیر صنعتی میجنگند. خرده بورژوازی

Thus the whole historical movement is concentrated in the hands of the Bourgeoisie

بدین ترتیب تمام جنبش تاریخی در دست بورژوازی متمرکز شده است.

every victory so obtained is a victory for the Bourgeoisie

هر پیروزی که به دست امده، پیروزی بورژوازی است.

But with the development of industry the Proletariat not only increases in number

اما با توسعه صنعت، پرولتاریا نه تنها تعداد انها را افزایش میدهد.

the Proletariat becomes concentrated in greater masses and its strength grows

پرولتاریا در توده های بزرگتر متمرکز می شود و قدرت ان رشد می کند

and the Proletariat feels that strength more and more

و پرولتاریا این قدرت را بیشتر و بیشتر احساس می کند

The various interests and conditions of life within the ranks of the Proletariat are more and more equalised

منافع و شرایط مختلف زندگی در صفوف پرولتاریا بیشتر و بیشتر برابر است.

they become more in proportion as machinery obliterates all distinctions of labour

انها به همان اندازه که ماشین تمام تمایزات کار را از بین می برد، متناسب تر می شوند

and machinery nearly everywhere reduces wages to the same low level

و ماشین الات تقریبا در همه جا دستمزدها را به همان سطح پایین کاهش می دهد

The growing competition among the Bourgeoisie, and the resulting commercial crises, make the wages of the workers ever more fluctuating

رقابت فزاینده میان بورژوازی و بحرانهای تجاری ناشی از ان، دستمزد کارگران را بیش از پیش در نوسان قرار داده است.

The unceasing improvement of machinery, ever more rapidly developing, makes their livelihood more and more precarious

بهبود بی وقفه ماشین الات، که با سرعت بیشتری در حال توسعه است، معیشت انها را بیشتر و بیشتر متزلزل می کند.

the collisions between individual workmen and individual Bourgeoisie take more and more the character of collisions between two classes

تصاوت میان کارگران منفرد و بورژوازی هر روز بیشتر و بیشتر خصلت تصاممی بین دو طبقه را به خود می گیرد

Thereupon the workers begin to form combinations (Trades Unions) against the Bourgeoisie

از این رو کارگران شروع به شکل دادن به ترکیب (اتحادیههای کارگری) علیه بورژوازی میکنند.

they club together in order to keep up the rate of wages

انها با هم باشگاه می کنند تا نرخ دستمزد را حفظ کنند

they found permanent associations in order to make provision beforehand for these occasional revolts

انها انجمنهای دائمی تشکیل دادند تا از قبل برای این شورشهای گاه به گاه اماده شوند

Here and there the contest breaks out into riots

اینجا و انجا مسابقه به شورش تبدیل می شود

Now and then the workers are victorious, but only for a time

اکنون و پس از ان کارگران پیروز می شوند، اما فقط برای مدتی

The real fruit of their battles lies, not in the immediate result, but in the ever-expanding union of the workers

ثمره واقعی نبردهای انها نه در نتیجه فوری، بلکه در اتحادیه در حال گسترش کارگران نهفته است.

This union is helped on by the improved means of communication that are created by modern industry

این اتحادیه با استفاده از وسایل ارتباطی بهبود یافته که توسط صنعت مدرن ایجاد می شود، کمک می کند.

modern communication places the workers of different localities in contact with one another

ارتباطات مدرن کارگران مناطق مختلف را در تماس با یکدیگر قرار می دهد

It was just this contact that was needed to centralise the numerous local struggles into one national struggle between classes

فقط همین تماس بود که برای متمرکز کردن مبارزات متعدد محلی در یک مبارزه ملی بین طبقات لازم بود.

all of these struggles are of the same character, and every class struggle is a political struggle

همه این مبارزات ماهیت یکسانی دارند و هر مبارزه طبقاتی یک مبارزه سیاسی است.

the burghers of the Middle Ages, with their miserable highways, required centuries to form their unions

مردم قرون وسطی، با بزرگراههای بدبختانه خود، قرنها طول کشید تا اتحادیههای خود را تشکیل دهند.

the modern proletarians, thanks to railways, achieve their unions within a few years

پرولتاریای مدرن، به لطف راه اهن، اتحادیه های خود را در عرض چند سال به دست می اورند

This organisation of the proletarians into a class consequently formed them into a political party

این سازمان پرولترها به صورت یک طبقه در نتیجه انها را به یک حزب سیاسی تبدیل کرد.

the political class is continually being upset again by the competition between the workers themselves

طبقه سیاسی پیوسته از رقابت بین خود کارگران ناراحت است

But the political class continues to rise up again, stronger, firmer, mightier

اما طبقه سیاسی همچنان دوباره قیام می کند، قوی تر، محکم تر، قوی تر.

It compels legislative recognition of particular interests of the workers

این امر به رسمیت شناختن قانونی منافع خاص کارگران را مجبور می کند

it does this by taking advantage of the divisions among the Bourgeoisie itself

این کار را با بهره گیری از تقسیمات بین خود بورژوازی انجام می دهد

Thus the ten-hours' bill in England was put into law

بدین ترتیب لایحه ده ساعت در انگلستان به قانون تبدیل شد

in many ways the collisions between the classes of the old society further is the course of development of the Proletariat

از بسیاری جهات تصاوت طبقات جامعه کهن بیشتر مسیر تکامل پرولتاریا است.

The Bourgeoisie finds itself involved in a constant battle

بورژوازی خود را درگیر نبردی دائمی میبیند

At first it will find itself involved in a constant battle with the aristocracy

در ابتدا خود را درگیر یک نبرد مداوم با اشراف خواهد یافت

later on it will find itself involved in a constant battle with those portions of the Bourgeoisie itself

بعدا خود را درگیر نبرد دائمی با ان بخشهای بورژوازی خواهد یافت

and their interests will have become antagonistic to the progress of industry

و منافع انها در تضاد با پیشرفت صنعت خواهد بود

at all times, their interests will have become antagonistic with the Bourgeoisie of foreign countries

در همه زمانها، منافع انها با بورژوازی کشورهای خارجی در تضاد خواهد بود.

In all these battles it sees itself compelled to appeal to the Proletariat, and asks for its help

در تمام این نبردها خود را مجبور به درخواست از پرولتاریا میبیند و از او کمک میخواهد.

and thus, it will feel compelled to drag it into the political arena

و بنابراین، احساس خواهد کرد که مجبور خواهد شد ان را به عرصه سیاسی بکشاند

The Bourgeoisie itself, therefore, supplies the Proletariat with its own instruments of political and general education

بنابراین، خود بورژوازی ابزار اموزش سیاسی و عمومی خود را برای پرولتاریا فراهم می کند.

in other words, it furnishes the Proletariat with weapons for fighting the Bourgeoisie

به عبارت دیگر، پرولتاریا را با سلاح برای مبارزه با بورژوازی فراهم می کند

Further, as we have already seen, entire sections of the ruling classes are precipitated into the Proletariat

علاوه بر این، همانطور که قبلا دیدیم، کل بخش های طبقات حاکم در پرولتاریا شتاب می گیرند.

the advance of industry sucks them into the Proletariat

پیشرفت صنعت انها را به پرولتاریا می مکد

or, at least, they are threatened in their conditions of existence

یا حداقل، انها در شرایط وجود خود تهدید می شوند

These also supply the Proletariat with fresh elements of enlightenment and progress

اینها همچنین عناصر تازه روشنگری و پیشرفت را برای پرولتاریا تامین می کنند.

Finally, in times when the class struggle nears the decisive hour

سرانجام، در زمانی که مبارزه طبقاتی به ساعت تعیین کننده نزدیک می
شود

the process of dissolution going on within the ruling class
روند انحلال که در درون طبقه حاکم در جریان است

in fact, the dissolution going on within the ruling class will
be felt within the whole range of society
در واقع، انحلال در طبقه حاکمه در کل جامعه احساس خواهد شد.

it will take on such a violent, glaring character, that a small
section of the ruling class cuts itself adrift
چنان شخصیت خشن و اشکاری خواهد داشت که بخش کوچکی از طبقه
حاکمه خود را سرگردان میکند

and that ruling class will join the revolutionary class
و طبقه حاکم به طبقه انقلابی ملحق خواهد شد

the revolutionary class being the class that holds the future
in its hands
طبقه انقلابی همان طبقه ای است که اینده را در دستان خود دارد

Just as at an earlier period, a section of the nobility went
over to the Bourgeoisie
درست مانند دوره گذشته، بخشی از اشراف به بورژوازی واگذار شد.

the same way a portion of the Bourgeoisie will go over to the
Proletariat
همانطور که بخشی از بورژوازی به پرولتاریا خواهد رسید

in particular, a portion of the Bourgeoisie will go over to a
portion of the Bourgeoisie ideologists
به ویژه، بخشی از بورژوازی به بخشی از ایدئولوگهای بورژوازی
خواهد رسید.

Bourgeoisie ideologists who have raised themselves to the
level of comprehending theoretically the historical
movement as a whole
ایدئولوژیستهای بورژوازی که خود را تا سطح درک تئوریک جنبش
تاریخی به عنوان یک کل بالا بردهاند

Of all the classes that stand face to face with the Bourgeoisie
today, the Proletariat alone is a really revolutionary class
از میان تمام طبقاتی که امروز با بورژوازی رو در رو هستند، پرولتاریا
به تنهایی یک طبقه واقعا انقلابی است.

The other classes decay and finally disappear in the face of
Modern Industry

طبقات دیگر از بین می روند و در نهایت در مواجهه با صنعت مدرن
ناپدید می شوند

the Proletariat is its special and essential product

پرولتاریا محصول ویژه و اساسی ان است

The lower middle class, the small manufacturer, the
shopkeeper, the artisan, the peasant

طبقه متوسط پایین، تولید کننده کوچک، مغازه دار، صنعتگر، دهقان

all these fight against the Bourgeoisie

تمام این نبردها علیه بورژوازی

they fight as fractions of the middle class to save themselves
from extinction

انها به عنوان بخشی از طبقه متوسط مبارزه می کنند تا خود را از
انقراض نجات دهند

They are therefore not revolutionary, but conservative

بنابراین انها انقلابی نیستند، بلکه محافظه کار هستند.

Nay more, they are reactionary, for they try to roll back the
wheel of history

نه بیشتر، انها ارتجاعی هستند، زیرا انها سعی می کنند چرخ تاریخ را
به عقب برگردانند

If by chance they are revolutionary, they are so only in view
of their impending transfer into the Proletariat

اگر اتفاقا انقلابی باشند، فقط به خاطر انتقال قریب الوقوع خود به
پرولتاریا هستند.

they thus defend not their present, but their future interests

بنابراین انها از حال حاضر خود دفاع نمی کنند، بلکه از منافع اینده خود
دفاع می کنند.

they desert their own standpoint to place themselves at that
of the Proletariat

انها موضع خود را رها میکنند تا خود را در جایگاه پرولتاریا قرار دهند

The "dangerous class," the social scum, that passively rotting
mass thrown off by the lowest layers of old society

"طبقه خطرناک"، تفاله اجتماعی، که توده منفعلانه پوسیده ای که توسط
پایین ترین لایه های جامعه قدیمی پرتاب می شود

they may, here and there, be swept into the movement by a proletarian revolution

انها ممکن است، اینجا و انجا، توسط یک انقلاب پرولتری به جنبش کشیده شوند

its conditions of life, however, prepare it far more for the part of a bribed tool of reactionary intrigue

با این حال، شرایط زندگی ان، ان را بسیار بیشتر برای بخشی از یک ابزار رشوه ای از فتنه ارتجاعی اماده می کند

In the conditions of the Proletariat, those of old society at large are already virtually swamped

در شرایط پرولتاریا، شرایط جامعه قدیمی به طور کلی در حال حاضر عملا غرق شده است

The proletarian is without property

پرولتر بدون مالکیت است

his relation to his wife and children has no longer anything in common with the Bourgeoisie's family-relations

رابطه او با همسر و فرزندانش دیگر هیچ وجه اشتراکی با روابط خانوادگی بورژوازی ندارد.

modern industrial labour, modern subjection to capital, the same in England as in France, in America as in Germany

کار صنعتی مدرن، انقیادی مدرن در برابر سرمایه، همان در انگلستان که در فرانسه، در امریکا و المان

his condition in society has stripped him of every trace of national character

وضع او در اجتماع، او را از هر نشانه ای از شخصیت ملی محروم کرده است

Law, morality, religion, are to him so many Bourgeoisie prejudices

قانون، اخلاق، مذهب، برای او بسیاری از تعصبات بورژوازی است

and behind these prejudices lurk in ambush just as many Bourgeoisie interests

و در پس این پیشداوریها به همان اندازه منافع بورژوازی کمین کرده است

All the preceding classes that got the upper hand, sought to fortify their already acquired status

تمام طبقات قبلی که دست بالا را به دست اوردند، به دنبال تقویت وضعیت خود بودند که قبلا به دست اورده بودند

they did this by subjecting society at large to their conditions of appropriation

انها این کار را با قرار دادن جامعه در شرایط تخصیص خود انجام دادند

The proletarians cannot become masters of the productive forces of society

پرولترها نمیتوانند ارباب نیروهای مولد جامعه شوند

it can only do this by abolishing their own previous mode of appropriation

این کار را فقط با لغو شیوه قبلی تخصیص بودجه خود میتواند انجام دهد

and thereby it also abolishes every other previous mode of appropriation

و از این طریق هر نوع تخصیص قبلی را لغو می کند

They have nothing of their own to secure and to fortify

انها هیچ چیز برای تامین امنیت و تقویت ندارند.

their mission is to destroy all previous securities for, and insurances of, individual property

ماموریت انها از بین بردن تمام اوراق بهادار قبلی و بیمه اموال فردی است.

All previous historical movements were movements of minorities

تمام جنبشهای تاریخی پیشین جنبشهای اقلیتها بودند.

or they were movements in the interests of minorities

یا جنبشهایی بودند که به نفع اقلیتها بود

The proletarian movement is the self-conscious, independent movement of the immense majority

جنبش پرولتری جنبش خوداگاه و مستقل اکثریت عظیم است.

and it is a movement in the interests of the immense majority

و این حرکتی است که به نفع اکثریت عظیم است

The Proletariat, the lowest stratum of our present society

پرولتاریا، پایین ترین طبقه جامعه فعلی ما

it cannot stir or raise itself up without the whole superincumbent strata of official society being sprung into the air

نمیتواند به جنبش در اید یا خود را بالا ببرد، بدون اینکه تمام قشرهای بالای جامعه رسمی به هوا پرتاب شود

Though not in substance, yet in form, the struggle of the Proletariat with the Bourgeoisie is at first a national struggle

گرچه مبارزه پرولتاریا با بورژوازی نه در اصل، بلکه در شکل، در ابتدا یک مبارزه ملی است .

The Proletariat of each country must, of course, first of all settle matters with its own Bourgeoisie

پرولتاریای هر کشور، البته، باید اول از همه مسائل را با بورژوازی خود حل و فصل کند.

In depicting the most general phases of the development of the Proletariat, we traced the more or less veiled civil war

در به تصویر کشیدن عمومی ترین مراحل توسعه پرولتاریا، ما جنگ داخلی کم و بیش پنهان را ردیابی کردیم.

this civil is raging within existing society

این مدنی در جامعه موجود خشمگین است

it will rage up to the point where that war breaks out into open revolution

تا جایی که این جنگ به انقلاب اشکار تبدیل شود، خشمگین خواهد شد.

and then the violent overthrow of the Bourgeoisie lays the foundation for the sway of the Proletariat

و سپس سرنگونی خشونت امیز بورژوازی پایه و اساس نفوذ پرولتاریا را می گذارد

Hitherto, every form of society has been based, as we have already seen, on the antagonism of oppressing and oppressed classes

تا کنون، هر شکلی از جامعه، همانطور که قبلا دیده ایم، بر اساس تضاد طبقات سرکوبگر و سرکوب شده است.

But in order to oppress a class, certain conditions must be assured to it

اما برای سرکوب یک طبقه، باید شرایط خاصی برای ان تضمین شود.

the class must be kept under conditions in which it can, at least, continue its slavish existence

طبقه باید در شرایطی حفظ شود که حداقل بتواند به وجود بردهوار خود ادامه دهد.

The serf, in the period of serfdom, raised himself to membership in the commune

رعیت، در دوره رعیتی، خود را به عضویت در کمون بزرگ کرد

just as the petty Bourgeoisie, under the yoke of feudal absolutism, managed to develop into a Bourgeoisie

درست همانطور که خرده بورژوازی، تحت یوغ استبداد فئودالی، موفق شد به یک بورژوازی تبدیل شود.

The modern labourer, on the contrary, instead of rising with the progress of industry, sinks deeper and deeper

برعکس، کارگر مدرن، به جای اینکه با پیشرفت صنعت رشد کند، عمیق تر و عمیق تر غرق می شود.

he sinks below the conditions of existence of his own class

او در زیر شرایط زندگی طبقه خود فرو می فرستد

He becomes a pauper, and pauperism develops more rapidly than population and wealth

او به یک گدا تبدیل می شود و فقر سریعتر از جمعیت و ثروت توسعه می یابد.

And here it becomes evident, that the Bourgeoisie is unfit any longer to be the ruling class in society

و در اینجا اشکار می شود که بورژوازی دیگر برای طبقه حاکم در جامعه نامناسب است.

and it is unfit to impose its conditions of existence upon society as an over-riding law

و برای تحمیل شرایط زندگی خود به جامعه به عنوان یک قانون بیش از حد سواری نامناسب است

It is unfit to rule because it is incompetent to assure an existence to its slave within his slavery

این برای حکومت کردن مناسب نیست، زیرا برای تضمین وجود برده خود در بردگی خود ناتوان است.

because it cannot help letting him sink into such a state, that it has to feed him, instead of being fed by him

زیرا نمیتواند به او اجازه دهد در چنان وضعیتی فرو رود که به جای اینکه توسط او تغذیه شود، باید به او غذا دهد.

Society can no longer live under this Bourgeoisie

جامعه دیگر نمیتواند تحت این بورژوازی زندگی کند.

in other words, its existence is no longer compatible with society

به عبارت دیگر، وجود ان دیگر با جامعه سازگار نیست.

The essential condition for the existence, and for the sway of the Bourgeoisie class, is the formation and augmentation of capital

شرط اساسی برای وجود و سلطه طبقه بورژوازی، تشکیل و تقویت سرمایه است.

the condition for capital is wage-labour

شرط سرمایه کار مزدی است

Wage-labour rests exclusively on competition between the labourers

کار مزدی منحصرا بر رقابت بین کارگران استوار است.

The advance of industry, whose involuntary promoter is the Bourgeoisie, replaces the isolation of the labourers

پیشرفت صنعت، که حامی غیر ارادی ان بورژوازی است، جایگزین انزوای کارگران می شود.

due to competition, due to their revolutionary combination, due to association

به دلیل رقابت، به دلیل ترکیب انقلابی انها، به دلیل انجمن

The development of Modern Industry cuts from under its feet the very foundation on which the Bourgeoisie produces and appropriates products

توسعه صنعت مدرن از زیر پای خود همان بنیادی را که بورژوازی بر اساس ان محصولات را تولید و به دست می اورد، قطع می کند.

What the Bourgeoisie produces, above all, is its own grave-diggers

انچه بورژوازی تولید می کند، بالاتر از همه، گورکن های خود است.

The fall of the Bourgeoisie and the victory of the Proletariat are equally inevitable

سقوط بورژوازی و پیروزی پرولتاریا به همان اندازه اجتناب ناپذیر است.

Proletarians and Communists
پرولترها و کمونیستها

In what relation do the Communists stand to the proletarians as a whole?

کمونیستها در چه رابطهای با پرولتاریا به عنوان یک کل ایستادهاند؟

The Communists do not form a separate party opposed to other working-class parties

کمونیست ها حزب جداگانه ای را در مخالفت با سایر احزاب طبقه کارگر تشکیل نمی دهند.

They have no interests separate and apart from those of the proletariat as a whole

انها هیچ منافعی جدا و جدا از منافع پرولتاریا به عنوان یک کل ندارند.

They do not set up any sectarian principles of their own, by which to shape and mould the proletarian movement

انها هیچ اصول فرقه ای خود را برای شکل دادن و شکل دادن به جنبش پرولتری ایجاد نمی کنند.

The Communists are distinguished from the other working-class parties by only two things

کمونیستها تنها از دو چیز از دیگر احزاب طبقه کارگر متمایز هستند.

Firstly, they point out and bring to the front the common interests of the entire proletariat, independently of all nationality

اولا، انها به منافع مشترک کل پرولتاریا، مستقل از تمام ملیت ها اشاره می کنند و به جبهه می اورند.

this they do in the national struggles of the proletarians of the different countries

این کار را در مبارزات ملی پرولترهای کشورهای مختلف انجام میدهند

Secondly, they always and everywhere represent the interests of the movement as a whole

ثانیا، انها همیشه و همه جا منافع جنبش را به عنوان یک کل نمایندگی می کنند.

this they do in the various stages of development, which the struggle of the working class against the Bourgeoisie has to pass through

این کار را در مراحل مختلف توسعه انجام می دهند، که مبارزه طبقه کارگر علیه بورژوازی باید از ان عبور کند.

The Communists, therefore, are on the one hand, practically, the most advanced and resolute section of the working-class parties of every country

بنابراین کمونیستها از یک طرف عملا پیشرفتهترین و مصممترین بخش احزاب طبقه کارگر هر کشوری هستند.

they are that section of the working class which pushes forward all others

انها ان بخش از طبقه کارگر هستند که دیگران را به جلو میراندند

theoretically, they also have the advantage of clearly understanding the line of march

از لحاظ تئوری، انها همچنین این مزیت را دارند که به وضوح خط راهپیمایی را درک کنند.

this they understand better compared the great mass of the proletariat

این را بهتر درمقایسین توده عظیم پرولتاریا میدانند

they understand the conditions, and the ultimate general results of the proletarian movement

انها شرایط و نتایج عمومی نهایی جنبش پرولتری را درک میکنند

The immediate aim of the Communist is the same as that of all the other proletarian parties

هدف انی کمونیستها همان هدف تمام احزاب پرولتری دیگر است.

their aim is the formation of the proletariat into a class

هدف انها تشکیل پرولتاریا به یک طبقه است

they aim to overthrow the Bourgeoisie supremacy

هدفشان براندازی برتری بورژوازی است

the strive for the conquest of political power by the proletariat

تلاش برای تسخیر قدرت سیاسی توسط پرولتاریا

The theoretical conclusions of the Communists are in no way based on ideas or principles of reformers

نتیجه گیری های تئوریک کمونیست ها به هیچ وجه بر اساس ایده ها یا اصول اصلاح طلبان نیست.

it wasn't would-be universal reformers that invented or discovered the theoretical conclusions of the Communists

این اصلاح طلبان جهانی نبودند که نتیجه گیری های تئوریک کمونیست ها را اختراع یا کشف کردند.

They merely express, in general terms, actual relations springing from an existing class struggle

انها صرفا، به طور کلی، روابط واقعی ناشی از یک مبارزه طبقاتی موجود را بیان می کنند.

and they describe the historical movement going on under our very eyes that have created this class struggle

و انها جنبش تاریخی را که در زیر چشم ما جریان دارد توصیف می کنند که این مبارزه طبقاتی را ایجاد کرده است

The abolition of existing property relations is not at all a distinctive feature of Communism

الغای روابط مالکیت موجود به هیچ وجه ویژگی متمایز کمونیسم نیست.

All property relations in the past have continually been subject to historical change

تمام روابط مالکیت در گذشته به طور مداوم در معرض تغییرات تاریخی بوده است.

and these changes were consequent upon the change in historical conditions

و این تغییرات نتیجه تغییر در شرایط تاریخی بود

The French Revolution, for example, abolished feudal property in favour of Bourgeoisie property

به عنوان مثال، انقلاب فرانسه مالکیت فئودالی را به نفع مالکیت بورژوازی لغو کرد.

The distinguishing feature of Communism is not the abolition of property, generally

ویژگی متمایز کمونیسم لغو مالکیت نیست، به طور کلی

but the distinguishing feature of Communism is the abolition of Bourgeoisie property

اما ویژگی متمایز کمونیسم الغای مالکیت بورژوازی است

But modern Bourgeoisie private property is the final and most complete expression of the system of producing and appropriating products

اما بورژوازی مدرن مالکیت خصوصی اخرین و کاملترین بیان نظام تولید و تصاحب محصولات است.

it is the final state of a system that is based on class antagonisms, where class antagonism is the exploitation of the many by the few

این اخرین وضعیت سیستمی است که بر اساس تضادهای طبقاتی است، جایی که تضاد طبقاتی استثمار بسیاری توسط چند نفر است.

In this sense, the theory of the Communists may be summed up in the single sentence; the Abolition of private property

به این معنا، نظریه کمونیست ها را می توان در یک جمله خلاصه کرد. الغای مالکیت خصوصی

We Communists have been reproached with the desire of abolishing the right of personally acquiring property

ما کمونیستها را به خاطر میل به لغو حق تملک شخصی متهم کردهایم

it is claimed that this property is the fruit of a man's own labour

ادعا شده است که این دارایی ثمره کار خود انسان است

and this property is alleged to be the groundwork of all personal freedom, activity and independence.

و ادعا می شود که این ملک زمینه تمام ازادی های شخصی، فعالیت و استقلال است.

"Hard-won, self-acquired, self-earned property!"

"به سختی به دست اورد، خود به دست اورد، اموال خود به دست اورده!"

Do you mean the property of the petty artisan and of the small peasant?

منظورت دارایی صنعتگر کوچک و دهقان کوچک است؟

Do you mean a form of property that preceded the Bourgeoisie form?

منظورتان شکلی از مالکیت است که پیش از شکل بورژوازی بود؟

There is no need to abolish that, the development of industry has to a great extent already destroyed it

نیازی به لغو ان نیست، توسعه صنعت تا حد زیادی ان را نابود کرده است.

and development of industry is still destroying it daily

و توسعه صنعت هنوز هم روزانه ان را نابود می کند

Or do you mean modern Bourgeoisie private property?

یا منظورتان مالکیت خصوصی بورژوازی مدرن است؟

But does wage-labour create any property for the labourer?

اما ایا کار مزدی برای کارگر مالکیت ایجاد می کند؟

no, wage labour creates not one bit of this kind of property!

نه، کار مزدی یک ذره از این نوع مالکیت را ایجاد نمی کند!

what wage labour does create is capital; that kind of property which exploits wage-labour

انچه کار مزدی ایجاد میکند سرمایه است؛ ان نوع اموالی که از کار مزدی بهره می گیرد

capital cannot increase except upon condition of begetting a new supply of wage-labour for fresh exploitation

سرمایه نمی تواند افزایش یابد مگر به شرط ایجاد یک عرضه جدید کار مزدی برای استثمار تازه.

Property, in its present form, is based on the antagonism of capital and wage-labour

مالکیت، در شکل فعلی خود، بر اساس تضاد سرمایه و کار مزدی است.

Let us examine both sides of this antagonism

بیایید هر دو طرف این خصومت را بررسی کنیم

To be a capitalist is to have not only a purely personal status

سرمایهدار بودن به این صورت نیست که فقط یک موقعیت صرفا شخصی داشته باشیم.

instead, to be a capitalist is also to have a social status in production

در عوض، سرمایه دار بودن نیز داشتن موقعیت اجتماعی در تولید است.

because capital is a collective product; only by the united action of many members can it be set in motion

زیرا سرمایه یک محصول جمعی است. تنها با عمل متحد بسیاری از اعضا می توان ان را به حرکت دراورد

but this united action is a last resort, and actually requires all members of society

اما این اقدام متحد اخرین چاره است و در واقع به همه اعضای جامعه نیاز دارد.

Capital does get converted into the property of all members of society

سرمایه به دارایی همه اعضای جامعه تبدیل می شود

but Capital is, therefore, not a personal power; it is a social power

اما سرمایه یک قدرت شخصی نیست. این یک قدرت اجتماعی است

so when capital is converted into social property, personal
property is not thereby transformed into social property

بنابراین هنگامی که سرمایه به مالکیت اجتماعی تبدیل می شود، مالکیت
شخصی به مالکیت اجتماعی تبدیل نمی شود.

It is only the social character of the property that is changed,
and loses its class-character

تنها شخصیت اجتماعی ملک است که تغییر می کند و شخصیت طبقاتی
خود را از دست می دهد.

Let us now look at wage-labour

بیایید نگاهی به کار مزدی داشته باشیم

The average price of wage-labour is the minimum wage, i.e.,
that quantum of the means of subsistence

متوسط قیمت کار مزدی حداقل دستمزد است، یعنی مقدار زیادی از
وسایل معیشت

this wage is absolutely requisite in bare existence as a
labourer

این دستمزد مطلقا در زندگی عریان به عنوان یک کارگر ضروری است

What, therefore, the wage-labourer appropriates by means of
his labour, merely suffices to prolong and reproduce a bare
existence

بنابراین، انچه را که کارگر مزدی از طریق کار خود به دست می اورد،
صرفا برای طولانی کردن و بازتولید یک وجود عریان کافی است.

We by no means intend to abolish this personal
appropriation of the products of labour

ما به هیچ وجه قصد نداریم این تصاحب شخصی محصولات کار را لغو
کنیم.

an appropriation that is made for the maintenance and
reproduction of human life

تخصیصی که برای نگهداری و بازتولید زندگی انسان ساخته شده است

such personal appropriation of the products of labour leave
no surplus wherewith to command the labour of others

چنین تملک شخصی از محصولات کار هیچ مازادی برای فرمان دادن
به کار دیگران به جا نمیگذارند.

All that we want to do away with, is the miserable character
of this appropriation

تنها چیزی که میخواهیم از بین ببریم، شخصیت بدبختانه این تصاحب است

the appropriation under which the labourer lives merely to increase capital

تصاحبی که کارگر تحت ان صرفا برای افزایش سرمایه زندگی میکند،

he is allowed to live only in so far as the interest of the ruling class requires it

او فقط تا انجا که مصلحت طبقه حاکم ایجاب میکند، حق دارد زندگی کند

In Bourgeoisie society, living labour is but a means to increase accumulated labour

در جامعه بورژوازی، کار زنده تنها وسیله ای برای افزایش کار انباشته شده است.

In Communist society, accumulated labour is but a means to widen, to enrich, to promote the existence of the labourer

در جامعه کمونیستی، کار انباشته شده تنها وسیله ای برای گسترش، غنی سازی و ترویج وجود کارگر است.

In Bourgeoisie society, therefore, the past dominates the present

بنابراین، در جامعه بورژوازی، گذشته بر زمان حال حاکم است

in Communist society the present dominates the past

در جامعه کمونیستی زمان حال بر گذشته حاکم است

In Bourgeoisie society capital is independent and has individuality

در بورژوازی، سرمایه مستقل است و فردیت دارد.

In Bourgeoisie society the living person is dependent and has no individuality

در جامعه بورژوازی فرد زنده وابسته است و فردیت ندارد.

And the abolition of this state of things is called by the Bourgeoisie, abolition of individuality and freedom!

و لغو این وضعیت توسط بورژوازی، لغو فردیت و ازادی نامیده می شود!

And it is rightly called the abolition of individuality and freedom!

و به درستی لغو فردیت و ازادی نامیده می شود!

Communism aims for the abolition of Bourgeoisie individuality

هدف کمونیسم الغای فردیت بورژوازی است

Communism intends for the abolition of Bourgeoisie independence

کمونیسم قصد دارد استقلال بورژوازی را لغو کند

Bourgeoisie freedom is undoubtedly what communism is aiming at

ازادی بورژوازی بدون شک چیزی است که کمونیسم به دنبال ان است.

under the present Bourgeoisie conditions of production, freedom means free trade, free selling and buying

در شرایط فعلی تولید بورژوازی، ازادی به معنای تجارت ازاد، فروش ازاد و خرید است.

But if selling and buying disappears, free selling and buying also disappears

اما اگر فروش و خرید ناپدید شود، فروش و خرید رایگان نیز ناپدید می شود.

"brave words" by the Bourgeoisie about free selling and buying only have meaning in a limited sense

"کلمات شجاعانه" بورژوازی در مورد خرید و فروش ازاد تنها به معنای محدود است.

these words have meaning only in contrast with restricted selling and buying

این کلمات تنها در مقایسه با فروش و خرید محدود معنی دارند.

and these words have meaning only when applied to the fettered traders of the Middle Ages

و این کلمات فقط وقتی معنی دارند که در مورد تجار قرون وسطی به کار گرفته شوند

and that assumes these words even have meaning in a Bourgeoisie sense

و فرض بر این است که این کلمات حتی به معنای بورژوازی هم معنی دارند

but these words have no meaning when they're being used to oppose the Communistic abolition of buying and selling

اما این کلمات هیچ معنایی ندارند زمانی که انها برای مخالفت با لغو کمونیست خرید و فروش استفاده می شوند

the words have no meaning when they're being used to oppose the Bourgeoisie conditions of production being abolished

وقتی از کلمات برای مخالفت با بورژوازی استفاده می شود، هیچ معنایی ندارد شرایط تولید لغو می شود

and they have no meaning when they're being used to oppose the Bourgeoisie itself being abolished

و وقتی از انها برای مخالفت با برانداختن خود بورژوازی استفاده میشود، هیچ معنایی ندارند.

You are horrified at our intending to do away with private property

شما از قصد ما برای از بین بردن مالکیت خصوصی وحشت زده هستید

But in your existing society, private property is already done away with for nine-tenths of the population

اما در جامعه موجود شما، مالکیت خصوصی در حال حاضر برای نه دهم جمعیت از بین رفته است.

the existence of private property for the few is solely due to its non-existence in the hands of nine-tenths of the population

وجود مالکیت خصوصی برای تعداد کمی تنها به دلیل عدم وجود ان در دست نه دهم جمعیت است.

You reproach us, therefore, with intending to do away with a form of property

بنابراین، شما ما را سرزنش می کنید که قصد دارید یک نوع اموال را از بین ببرید

but private property necessitates the non-existence of any property for the immense majority of society

اما مالکیت خصوصی مستلزم عدم وجود هر گونه مالکیت برای اکثریت عظیم جامعه است.

In one word, you reproach us with intending to do away with your property

در یک کلام، شما ما را سرزنش می کنید که قصد دارید اموال خود را از بین ببرید

And it is precisely so; doing away with your Property is just what we intend

و دقیقا همینطور است؛ از بین بردن اموال شما دقیقا همان چیزی است که ما قصد داریم

From the moment when labour can no longer be converted into capital, money, or rent

از لحظه ای که کار دیگر نمی تواند به سرمایه، پول یا اجاره تبدیل شود

when labour can no longer be converted into a social power capable of being monopolised

وقتی دیگر نمیتوان کار را به یک قدرت اجتماعی تبدیل کرد که قادر به انحصار است.

from the moment when individual property can no longer be transformed into Bourgeoisie property

از لحظه ای که مالکیت فردی دیگر نمی تواند به مالکیت بورژوازی تبدیل شود

from the moment when individual property can no longer be transformed into capital

از لحظه ای که مالکیت فردی دیگر نمی تواند به سرمایه تبدیل شود

from that moment, you say individuality vanishes

از ان لحظه، شما می گویید فردیت ناپدید می شود

You must, therefore, confess that by "individual" you mean no other person than the Bourgeoisie

بنابراین باید اعتراف کنید که منظور شما از فرد» شخص دیگری جز بورژوازی نیست.

you must confess it specifically refers to the middle-class owner of property

شما باید اعتراف کنید که به طور خاص به مالک طبقه متوسط مالکیت اشاره دارد

This person must, indeed, be swept out of the way, and made impossible

در واقع این شخص باید از سر راه کنار گذاشته شود و غیرممکن شود.

Communism deprives no man of the power to appropriate the products of society

کمونیسم هیچ انسانی را از قدرت استفاده از محصولات جامعه محروم نمی کند.

all that Communism does is to deprive him of the power to subjugate the labour of others by means of such appropriation

تنها کاری که کمونیسم انجام میدهد این است که او را از قدرت انقیاد دیگران با چنین تملکی محروم کند.

It has been objected that upon the abolition of private property all work will cease

اعتراض شده است که با لغو مالکیت خصوصی، تمام کار متوقف خواهد شد.

and it is then suggested that universal laziness will overtake us

و سپس پیشنهاد می شود که تنبلی جهانی ما را فرا خواهد گرفت

According to this, Bourgeoisie society ought long ago to have gone to the dogs through sheer idleness

بر این اساس، جامعه بورژوازی باید مدتها پیش از طریق بیکاری محض به سراغ سگها میرفت

because those of its members who work, acquire nothing

زیرا کسانی از اعضای ان که کار می کنند، هیچ چیز به دست نمی اورند

and those of its members who acquire anything, do not work

و کسانی از اعضای ان که چیزی به دست می اورند، کار نمی کنند

The whole of this objection is but another expression of the tautology

تمام این اعتراض فقط بیان دیگری از اصطلاح است

there can no longer be any wage-labour when there is no longer any capital

دیگر هیچ کار مزدی نمیتواند وجود داشته باشد، در حالی که دیگر سرمایهای وجود ندارد.

there is no difference between material products and mental products

هیچ تفاوتی بین محصولات مادی و محصولات ذهنی وجود ندارد

communism proposes both of these are produced in the same way

کمونیسم پیشنهاد می کند که هر دو این ها به همان شیوه تولید می شوند

but the objections against the Communistic modes of producing these are the same

اما اعتراضها به شیوههای کمونیستی تولید این دو یکی است

to the Bourgeoisie the disappearance of class property is the disappearance of production itself

برای بورژوازی، از بین رفتن مالکیت طبقاتی، ناپدید شدن خود تولید
است.

so the disappearance of class culture is to him identical with
the disappearance of all culture

بنابراین ناپدید شدن فرهنگ طبقاتی برای او یکسان است با ناپدید شدن
همه فرهنگها

That culture, the loss of which he laments, is for the
enormous majority a mere training to act as a machine

این فرهنگ، که او از دست دادن ان متاسف است، برای اکثریت قریب
به اتفاق یک اموزش صرف برای عمل به عنوان یک ماشین است.

Communists very much intend to abolish the culture of
Bourgeoisie property

کمونیستها تا حد زیادی قصد دارند فرهنگ مالکیت بورژوازی را از
میان بر دارند.

But don't wrangle with us so long as you apply the standard
of your Bourgeoisie notions of freedom, culture, law, etc

اما تا زمانی که استاندارد بورژوازی خود را از مفاهیم ازادی، فرهنگ،
قانون و غیره اعمال می کنید، با ما مجادله نکنید.

Your very ideas are but the outgrowth of the conditions of
your Bourgeoisie production and Bourgeoisie property

خود اندیشههای شما جز رشد شرایط تولید بورژوازی و مالکیت
بورژوازی شما نیستند.

just as your jurisprudence is but the will of your class made
into a law for all

درست همان طور که حقوق شما است اما اراده طبقه شما به قانون برای
همه تبدیل شده است

the essential character and direction of this will are
determined by the economical conditions your social class
create

ماهیت و جهت اساسی این اراده توسط شرایط اقتصادی که طبقه
اجتماعی شما ایجاد می کند تعیین می شود.

The selfish misconception that induces you to transform
social forms into eternal laws of nature and of reason

تصور غلط خودخواهانه ای که شما را وادار می کند فرم های اجتماعی
را به قوانین ابدی طبیعت و عقل تبدیل کنید.

the social forms springing from your present mode of
production and form of property

اشکال اجتماعی که از شیوه فعلی تولید و شکل مالکیت شما سرچشمه
می گرفته است

historical relations that rise and disappear in the progress of
production

روابط تاریخی که در پیشرفت تولید بالا می روند و ناپدید می شوند

this misconception you share with every ruling class that has
preceded you

این تصور غلط را که شما با هر طبقه حاکمی که پیش از شما وجود
داشته است، به اشتراک می گذارید

What you see clearly in the case of ancient property, what
you admit in the case of feudal property

انچه شما به وضوح در مورد مالکیت باستانی می بینید، انچه شما در
مورد مالکیت فئودالی اعتراف می کنید

these things you are of course forbidden to admit in the case
of your own Bourgeoisie form of property

البته در مورد بورژوازی خود شما را از پذیرفتن این چیز ها منع مددارند

Abolition of the family! Even the most radical flare up at
this infamous proposal of the Communists

لغو خانواده! حتی رادیکال ترین شعله ها در این پیشنهاد بدنام کمونیست
ها

On what foundation is the present family, the Bourgeoisie
family, based?

خانواده فعلی، خانواده بورژوازی، بر چه مبنایی بنا شده است؟

the foundation of the present family is based on capital and
private gain

پایه و اساس خانواده فعلی بر اساس سرمایه و سود خصوصی است

In its completely developed form this family exists only
among the Bourgeoisie

این خانواده در شکل کاملا تکامل یافته خود فقط در میان بورژوازی
وجود دارد.

this state of things finds its complement in the practical
absence of the family among the proletarians

این وضع در غیاب عملی خانواده در میان پرولترها تکمیل میشود

this state of things can be found in public prostitution

این وضعیت را می توان در فحشا عمومی یافت

The Bourgeoisie family will vanish as a matter of course when its complement vanishes

خانواده بورژوازی به عنوان یک موضوع از بین خواهد رفت زمانی که مکمل ان ناپدید شود

and both of these will will vanish with the vanishing of capital

و هر دوی اینها با ناپدید شدن سرمایه از بین خواهند رفت

Do you charge us with wanting to stop the exploitation of children by their parents?

ایا شما ما را متهم می کنید که می خواهیم استثمار کودکان توسط والدین انها را متوقف کنیم؟

To this crime we plead guilty

ما به این جرم اعتراف میکنیم که گناهکاریم

But, you will say, we destroy the most hallowed of relations, when we replace home education by social education

اما، شما خواهید گفت، ما مقدس ترین روابط را نابود می کنیم، زمانی که ما اموزش خانگی را با اموزش اجتماعی جایگزین می کنیم.

is your education not also social? And is it not determined by the social conditions under which you educate?

ایا تحصیلات شما نیز اجتماعی نیست؟ ایا با شرایط اجتماعی که تحت ان تحصیل می کنید تعیین نمی شود؟

by the intervention, direct or indirect, of society, by means of schools, etc.

با مداخله مستقیم یا غیرمستقیم جامعه، از طریق مدارس و غیره.

The Communists have not invented the intervention of society in education

کمونیست ها دخالت جامعه در اموزش و پرورش را اختراع نکرده اند

they do but seek to alter the character of that intervention

انها فقط میخواهند ماهیت این مداخله را تغییر دهند

and they seek to rescue education from the influence of the ruling class

و به دنبال نجات اموزش و پرورش از نفوذ طبقه حاکم هستند

The Bourgeoisie talk of the hallowed co-relation of parent and child

بورژوازی از رابطه مشترک مقدس پدر و مادر و فرزند سخن می گفت

but this clap-trap about the family and education becomes all the more disgusting when we look at Modern Industry

اما این تله کف زدن در مورد خانواده و اموزش و پرورش بیشتر منزجر کننده می شود زمانی که ما در صنعت مدرن نگاه می کنیم

all family ties among the proletarians are torn asunder by modern industry

تمام پیوندهای خانوادگی در میان پرولترها با صنعت مدرن از هم گسیخته شده است

their children are transformed into simple articles of commerce and instruments of labour

فرزندان انها به مواد ساده تجارت و ابزار کار تبدیل می شوند

But you Communists would create a community of women, screams the whole Bourgeoisie in chorus

اما شما کمونیست ها جامعه ای از زنان ایجاد می کنید، کل بورژوازی فریاد می زند

The Bourgeoisie sees in his wife a mere instrument of production

بورژوازی زنش را صرفا ابزار تولید میبیند

He hears that the instruments of production are to be exploited by all

او می شنود که ابزار تولید باید توسط همه مورد بهره برداری قرار گیرد.

and, naturally, he can come to no other conclusion than that the lot of being common to all will likewise fall to women

و طبیعتا نمیتواند به نتیجهای برسد جز اینکه بسیاری از مشترک بودن برای همه نیز به زنان خواهد رسید.

He has not even a suspicion that the real point is to do away with the status of women as mere instruments of production

او حتی یک سوء ظن ندارد که نکته اصلی این است که وضعیت زنان را به عنوان ابزار تولید صرف از بین ببرد

For the rest, nothing is more ridiculous than the virtuous indignation of our Bourgeoisie at the community of women

برای بقیه، هیچ چیز مسخره تر از خشم فضیلت بورژوازی ما در جامعه زنان نیست.

they pretend it is to be openly and officially established by the Communists

انها وانمود میکنند که کمونیستها علنا و به طور رسمی ان را تاسیس کردهاند

The Communists have no need to introduce community of women, it has existed almost from time immemorial

کمونیست ها نیازی به معرفی جامعه زنان ندارند، تقریبا از زمان های بسیار قدیم وجود داشته است

Our Bourgeoisie are not content with having the wives and daughters of their proletarians at their disposal

بورژوازی ما راضی نیست که همسران و دختران پرولتاریای خود را در اختیار داشته باشد.

they take the greatest pleasure in seducing each other's wives

انها از اغوای همسران یکدیگر بسیار لذت می بردند

and that is not even to speak of common prostitutes

و این حتی در مورد فاحشههای معمولی هم نیست

Bourgeoisie marriage is in reality a system of wives in common

ازدواج بورژوازی در واقع یک سیستم مشترک همسران است

then there is one thing that the Communists might possibly be reproached with

پس از ان یک چیز است که کمونیست ها ممکن است با سرزنش وجود دارد

they desire to introduce an openly legalised community of women

انها می خواهند یک جامعه اشکارا قانونی از زنان را معرفی کنند

rather than a hypocritically concealed community of women

به جای یک جامعه ریاکارانه پنهان از زنان

the community of women springing from the system of production

جامعه زنان که از نظام تولید بیرون می ایند

abolish the system of production, and you abolish the community of women

سیستم تولید را لغو کنید و جامعه زنان را لغو کنید

both public prostitution is abolished, and private prostitution

هر دو فحشا عمومی لغو شده است، و فحشا خصوصی

The Communists are further more reproached with desiring to abolish countries and nationality

کمونیست ها بیشتر سرزنش می شوند که می خواهند کشورها و ملیت ها را از بین ببرد.

The working men have no country, so we cannot take from them what they have not got

کارگران کشور ندارند، بنابراین ما نمیتوانیم انچه را که ندارند از انها بگیریم.

the proletariat must first of all acquire political supremacy

پرولتاریا پیش از هر چیز باید برتری سیاسی کسب کند

the proletariat must rise to be the leading class of the nation

پرولتاریا باید به عنوان طبقه پیشرو ملت به پا خیزد

the proletariat must constitute itself the nation

پرولتاریا باید خود ملت را تشکیل دهد

it is, so far, itself national, though not in the Bourgeoisie sense of the word

تا کنون خود را ملی کرده است، هرچند نه به معنای بورژوازی کلمه

National differences and antagonisms between peoples are daily more and more vanishing

تفاوت های ملی و خصومت بین مردم روز به روز بیشتر و بیشتر ناپدید می شوند

owing to the development of the Bourgeoisie, to freedom of commerce, to the world-market

به دلیل توسعه بورژوازی، ازادی تجارت، به بازار جهانی

to uniformity in the mode of production and in the conditions of life corresponding thereto

به یکنواختی در شیوه تولید و در شرایط زندگی مربوط به ان

The supremacy of the proletariat will cause them to vanish still faster

برتری پرولتاریا باعث خواهد شد که انها سریعتر از بین بروند

United action, of the leading civilised countries at least, is one of the first conditions for the emancipation of the proletariat

اقدام متحد، حداقل از کشورهای متمدن پیشرو، یکی از اولین شرایط رهایی پرولتاریا است.

In proportion as the exploitation of one individual by another is put an end to, the exploitation of one nation by another will also be put an end to

به همان نسبت که استثمار یک فرد توسط دیگری پایان یابد، استثمار یک ملت توسط ملت دیگر نیز پایان خواهد یافت.

In proportion as the antagonism between classes within the nation vanishes, the hostility of one nation to another will come to an end

به نسبتی که خصومت بین طبقات درون ملت از بین می رود، خصومت یک ملت با ملت دیگر به پایان خواهد رسید.

The charges against Communism made from a religious, a philosophical, and, generally, from an ideological standpoint, are not deserving of serious examination

اتهامات علیه کمونیسم که از دیدگاه مذهبی، فلسفی و به طور کلی از نقطه نظر ایدئولوژیک مطرح می شود، سزاوار بررسی جدی نیست.

Does it require deep intuition to comprehend that man's ideas, views and conceptions changes with every change in the conditions of his material existence?

ایا برای درک اینکه ایده ها، دیدگاه ها و مفاهیم انسان با هر تغییری در شرایط وجود مادی او تغییر می کند، نیاز به شهود عمیق دارد؟

is it not obvious that man's consciousness changes when his social relations and his social life changes?

ایا واضح نیست که اگاهی انسان با تغییر روابط اجتماعی و زندگی اجتماعی اش تغییر می کند؟

What else does the history of ideas prove, than that intellectual production changes its character in proportion as material production is changed?

تاریخ ایده ها چه چیز دیگری را ثابت می کند، جز اینکه تولید فکری شخصیت خود را به نسبت تولید مادی تغییر می دهد؟

The ruling ideas of each age have ever been the ideas of its ruling class

ایده های حاکم بر هر عصر همیشه ایده های طبقه حاکم ان بوده است

When people speak of ideas that revolutionise society, they do but express one fact

وقتی مردم از ایده هایی صحبت می کنند که جامعه را متحول می کنند، فقط یک واقعیت را بیان می کنند.

within the old society, the elements of a new one have been created

در جامعه قدیمی، عناصر یک جامعه جدید ایجاد شده است

and that the dissolution of the old ideas keeps even pace with the dissolution of the old conditions of existence

و انحلال اندیشههای کهنه با انحلال شرایط کهن هستی همگام است

When the ancient world was in its last throes, the ancient religions were overcome by Christianity

هنگامی که جهان باستان در اخرین درد و رنج خود بود، ادیان باستانی توسط مسیحیت غلبه کردند

When Christian ideas succumbed in the 18th century to rationalist ideas, feudal society fought its death battle with the then revolutionary Bourgeoisie

هنگامی که ایده های مسیحی در قرن هجدهم به ایده های عقلانی تسلیم شدند، جامعه فئودالی نبرد مرگ خود را با بورژوازی انقلابی ان زمان انجام داد.

The ideas of religious liberty and freedom of conscience merely gave expression to the sway of free competition within the domain of knowledge

اندیشههای ازادی مذهبی و ازادی وجدان صرفا به سلطهی رقابت ازاد در حوزهی دانش کمک میکرد.

"Undoubtedly," it will be said, "religious, moral, philosophical and juridical ideas have been modified in the course of historical development"

"بدون شک،" گفته خواهد شد، "ایده های مذهبی، اخلاقی، فلسفی و حقوقی در جریان توسعه تاریخی اصلاح شده است."

"But religion, morality philosophy, political science, and law, constantly survived this change"

اما دین، فلسفه اخلاق، علوم سیاسی و قانون، دائما از این تغییر جان سالم به در بردند.

"There are also eternal truths, such as Freedom, Justice, etc"

همچنین حقایق ابدی مانند ازادی، عدالت و غیره وجود دارد.

"these eternal truths are common to all states of society"

"این حقایق ابدی برای همه کشور های جامعه مشترک است"

"But Communism abolishes eternal truths, it abolishes all religion, and all morality"

اما کمونیسم حقایق ابدی را لغو می کند، تمام دین و تمام اخلاق را از بین می برد.

"it does this instead of constituting them on a new basis"

"این کار را به جای تشکیل انها بر اساس جدید انجام می دهد"

"it therefore acts in contradiction to all past historical experience"

بنابراین در تضاد با تمام تجربه های تاریخی گذشته عمل می کند.

What does this accusation reduce itself to?

این اتهام خود را به چه چیزی کاهش می دهد؟

The history of all past society has consisted in the development of class antagonisms

تاریخ تمام جامعه گذشته شامل توسعه تضادهای طبقاتی بوده است

antagonisms that assumed different forms at different epochs

تضادهایی که در دورههای مختلف شکلهای مختلفی به خود گرفتند

But whatever form they may have taken, one fact is common to all past ages

اما هر شکلی که ممکن است داشته باشند، یک واقعیت برای تمام سنین گذشته مشترک است.

the exploitation of one part of society by the other

استثمار یک بخش از جامعه توسط بخش دیگر

No wonder, then, that the social consciousness of past ages moves within certain common forms, or general ideas

بنابراین جای تعجب نیست که اگاهی اجتماعی اعدای گذشته در برخی اشکال مشترک یا ایده های کلی حرکت می کند.

(and that is despite all the multiplicity and variety it displays)

(و این به رغم تمام تنوع و تنوعی است که نشان می دهد)

and these cannot completely vanish except with the total disappearance of class antagonisms

و اینها نمیتوانند به طور کامل محو شوند مگر با ناپدید شدن کامل تضادهای طبقاتی

The Communist revolution is the most radical rupture with traditional property relations

انقلاب کمونیستی رادیکال ترین گسست از روابط مالکیت سنتی است

no wonder that its development involves the most radical
rupture with traditional ideas

جای تعجب نیست که توسعه ان شامل رادیکال ترین گسست با ایده های
سنتی است

But let us have done with the Bourgeoisie objections to
Communism

اما بیایید اعتراض بورژوازی به کمونیسم را تمام کنیم

We have seen above the first step in the revolution by the
working class

ما بالاتر از اولین گام در انقلاب توسط طبقه کارگر دیده ایم

proletariat has to be raised to the position of ruling, to win
the battle of democracy

پرولتاریا باید به مقام حکومت کردن، برای پیروزی در نبرد دموکراسی،
ارتقاء یابد.

The proletariat will use its political supremacy to wrest, by
degrees, all capital from the Bourgeoisie

پرولتاریا از برتری سیاسی خود استفاده خواهد کرد تا به تدریج تمام
سرمایه را از بورژوازی بگیرد.

it will centralise all instruments of production in the hands
of the State

تمام ابزارهای تولید را در دست دولت متمرکز خواهد کرد.

in other words, the proletariat organised as the ruling class

به عبارت دیگر، پرولتاریا به عنوان طبقه حاکم سازماندهی شد

and it will increase the total of productive forces as rapidly
as possible

و کل نیروهای تولیدی را در اسرع وقت افزایش خواهد داد.

Of course, in the beginning, this cannot be effected except
by means of despotic inroads on the rights of property

البته، در ابتدا، این نمی تواند انجام شود مگر با استفاده از تهاجم
استبدادی به حقوق مالکیت.

and it has to be achieved on the conditions of Bourgeoisie
production

و باید در شرایط تولید بورژوازی به دست اید

it is achieved by means of measures, therefore, which appear
economically insufficient and untenable

بنابراین، از طریق اقداماتی به دست می اید که از لحاظ اقتصادی ناکافی و غیرقابل دفاع به نظر می رسد.

but these means, in the course of the movement, outstrip themselves

اما این ابزارها، در جریان حرکت، از خود پیشی می گیرند

they necessitate further inroads upon the old social order

این امر مستلزم نفوذ بیشتر به نظم اجتماعی کهن است

and they are unavoidable as a means of entirely revolutionising the mode of production

و انها به عنوان وسیله ای برای انقلابی کامل در شیوه تولید اجتناب ناپذیر هستند

These measures will of course be different in different countries

البته این اقدامات در کشورهای مختلف متفاوت خواهد بود.

Nevertheless in the most advanced countries, the following will be pretty generally applicable

با این وجود در پیشرفته ترین کشورها، موارد زیر به طور کلی قابل اجرا خواهد بود

1. Abolition of property in land and application of all rents of land to public purposes.

1- الغای مالکیت زمین و استفاده از تمام رانت های زمین برای مقاصد عمومی.

2. A heavy progressive or graduated income tax.

2. مالیات بر درامد مترقی یا فارغ التحصیل سنگین.

3. Abolition of all right of inheritance.

3- الغاء تمام حقوق ارث.

4. Confiscation of the property of all emigrants and rebels.

4- مصادره اموال همه مهاجرین و شورشیان.

5. Centralisation of credit in the hands of the State, by means of a national bank with State capital and an exclusive monopoly.

5- تمرکز اعتبار در دست دولت، از طریق یک بانک ملی با سرمایه دولتی و انحصار انحصاری.

6. Centralisation of the means of communication and transport in the hands of the State.

6. تمرکز وسایل ارتباطی و حمل و نقل در دست دولت.

7. Extension of factories and instruments of production owned by the State

‫7. گسترش کارخانه ها و ابزار تولید متعلق به دولت‬

the bringing into cultivation of waste-lands, and the improvement of the soil generally in accordance with a common plan.

‫اوردن به کشت زمین های بایر و بهبود خاک به طور کلی مطابق با یک‬
‫برنامه مشترک.‬

8. Equal liability of all to labour

‫8- مسؤولیت برابر همه در برابر کار‬

Establishment of industrial armies, especially for agriculture.

‫ایجاد ارتش صنعتی، به ویژه برای کشاورزی.‬

9. Combination of agriculture with manufacturing industries

‫9. ترکیب کشاورزی با صنایع تولیدی‬

gradual abolition of the distinction between town and country, by a more equable distribution of the population over the country.

‫لغو تدریجی تمایز بین شهر و کشور، با توزیع عادلانه تر جمعیت در‬
‫سراسر کشور.‬

10. Free education for all children in public schools.

‫10. اموزش رایگان برای همه کودکان در مدارس دولتی.‬

Abolition of children's factory labour in its present form

‫لغو کار کودکان در کارخانه در شکل فعلی ان‬

Combination of education with industrial production

‫ترکیب اموزش و پرورش با تولید صنعتی‬

When, in the course of development, class distinctions have disappeared

‫هنگامی که در جریان توسعه، تمایز طبقاتی ناپدید شده است‬

and when all production has been concentrated in the hands of a vast association of the whole nation

‫و هنگامی که تمام تولید در دست یک انجمن گسترده از کل ملت متمرکز‬
‫شده است‬

then the public power will lose its political character

‫در این صورت قدرت عمومی شخصیت سیاسی خود را از دست خواهد‬
‫داد.‬

Political power, properly so called, is merely the organised power of one class for oppressing another

قدرت سیاسی، که به درستی به اصطلاح نامیده می شود، صرفا قدرت سازمان یافته یک طبقه برای سرکوب دیگری است.

If the proletariat during its contest with the Bourgeoisie is compelled, by the force of circumstances, to organise itself as a class

اگر پرولتاریا در طول رقابت با بورژوازی مجبور شود، با نیروی شرایط، خود را به عنوان یک طبقه سازماندهی کند

if, by means of a revolution, it makes itself the ruling class

اگر با استفاده از یک انقلاب، خود را طبقه حاکمه کند

and, as such, it sweeps away by force the old conditions of production

و به همین ترتیب، شرایط قدیمی تولید را به زور از بین می برد

then it will, along with these conditions, have swept away the conditions for the existence of class antagonisms and of classes generally

سپس، همراه با این شرایط، شرایط وجود تضادهای طبقاتی و به طور کلی طبقات را از بین خواهد برد.

and will thereby have abolished its own supremacy as a class.

و از این طریق برتری خود را به عنوان یک طبقه از بین خواهد برد.

In place of the old Bourgeoisie society, with its classes and class antagonisms, we shall have an association

به جای جامعه بورژوازی کهن، با طبقات و تضادهای طبقاتی ان، ما یک انجمن خواهیم داشت.

an association in which the free development of each is the condition for the free development of all

انجمنی که در ان توسعه ازاد هر یک شرط توسعه ازاد همه است.

1) Reactionary Socialism

1) سوسیالیسم ارتجاعی

a) Feudal Socialism

الف) سوسیالیسم فئودالی

the aristocracies of France and England had a unique historical position

اشراف فرانسه و انگلستان موقعیت تاریخی منحصر به فردی داشتند

it became their vocation to write pamphlets against modern Bourgeoisie society

نوشتن جزوات علیه جامعه بورژوازی مدرن به کارشان راه داد

In the French revolution of July 1830, and in the English reform agitation

در انقلاب ژوئیه ۱۸۳۰ فرانسه و در تحریک اصلاحات انگلیسی

these aristocracies again succumbed to the hateful upstart

این اشراف زادهها بار دیگر در برابر ان نوان نفرتانگیز تسلیم شدند

Thenceforth, a serious political contest was altogether out of the question

از ان پس، یک رقابت سیاسی جدی کاملا خارج از بحث بود

All that remained possible was literary battle, not an actual battle

تنها چیزی که ممکن بود نبرد ادبی بود، نه یک نبرد واقعی.

But even in the domain of literature the old cries of the restoration period had become impossible

اما حتی در حوزه ادبیات، فریادهای قدیمی دوران بازسازی غیرممکن شده بود

In order to arouse sympathy, the aristocracy were obliged to lose sight, apparently, of their own interests

به منظور برانگیختن همدردی، اشراف مجبور بودند ظاهرا منافع خود را از دست بدهند

and they were obliged to formulate their indictment against the Bourgeoisie in the interest of the exploited working class

و ناگزیر بودند که کیفرخواست خود را علیه بورژوازی به نفع طبقه کارگر استثمار شده تنظیم کنند

Thus the aristocracy took their revenge by singing lampoons on their new master

بدین ترتیب اشراف با تمسخر ارباب جدید خود انتقام خود را گرفتند

and they took their revenge by whispering in his ears sinister prophecies of coming catastrophe

و انها انتقام خود را با زمزمه کردن در گوش او پیشگوییهای شوم فاجعهای که در پیش است گرفتند

In this way arose Feudal Socialism: half lamentation, half lampoon

به این ترتیب سوسیالیسم فئودالی به وجود امد: نیمی سوگواری، نیمه لامپون

it rung as half echo of the past, and projected half menace of the future

ان را به عنوان نیمی از پژواک گذشته به صدا در می اورد و نیمی از تهدید اینده را پیش بینی می کند

at times, by its bitter, witty and incisive criticism, it struck the Bourgeoisie to the very heart's core

گاهی اوقات، با انتقاد تلخ، شوخ طبع و قاطع، بورژوازی را به قلب خود می زد

but it was always ludicrous in its effect, through total incapacity to comprehend the march of modern history

اما همیشه مضحک بود، از طریق ناتوانی کامل در درک حرکت تاریخ مدرن

The aristocracy, in order to rally the people to them, waved the proletarian alms-bag in front for a banner

اشرافیت، به منظور متحد کردن مردم به سمت انها، کیسه صدقه پرولتری را در مقابل یک پرچم تکان داد

But the people, so often as it joined them, saw on their hindquarters the old feudal coats of arms

اما مردم، اغلب که به انها ملحق شند، از عقب نشانهای فئودالی قدیمی را میدیدند

and they deserted with loud and irreverent laughter

و با صدای بلند و بی حرمتی از ان جا رفتند.

One section of the French Legitimists and "Young England" exhibited this spectacle

یک بخش از مشروعیت طلبان فرانسوی و "انگلستان جوان" این نمایش
را به نمایش گذاشت

the feudalists pointed out that their mode of exploitation
was different to that of the Bourgeoisie

فئودالیستها اشاره کردند که شیوه‌ی استثمار انها با شیوه‌ی بورژوازی
فرق دارد

the feudalists forget that they exploited under circumstances
and conditions that were quite different

فئودالیست ها فراموش می کنند که تحت شرایط و شرایطی که کاملا
متفاوت بود، استثمار می کردند.

and they didn't notice such methods of exploitation are now
antiquated

و انها متوجه نشدند که چنین روشهای استثماری اکنون کهنه شده اند

they showed that, under their rule, the modern proletariat
never existed

انها نشان دادند که تحت حکومت انها، پرولتاریای مدرن هرگز وجود
نداشته است.

but they forget that the modern Bourgeoisie is the necessary
offspring of their own form of society

اما فراموش میکنند که بورژوازی مدرن اولاد ضروری شکل جامعه
خودشان است.

For the rest, they hardly conceal the reactionary character of
their criticism

برای بقیه، انها به سختی ماهیت ارتجاعی انتقاد خود را پنهان می کنند

their chief accusation against the Bourgeoisie amounts to the
following

اتهام اصلی انها علیه بورژوازی به شرح زیر است

under the Bourgeoisie regime a social class is being
developed

تحت رژیم بورژوازی یک طبقه اجتماعی در حال توسعه است

this social class is destined to cut up root and branch the old
order of society

سرنوشت این طبقه اجتماعی این است که ریشه و نظم کهن اجتماع را
منشعب کند

What they upbraid the Bourgeoisie with is not so much that
it creates a proletariat

انچه بورژوازی را با ان سرزنش میکنند این نیست که پرولتاریا را خلق
میکند.

what they upbraid the Bourgeoisie with is moreso that it
creates a revolutionary proletariat

انچه بورژوازی را با ان سرزنش میکنند بیشتر این است که پرولتاریای
انقلابی را ایجاد میکند.

In political practice, therefore, they join in all coercive
measures against the working class

بنابراین، در عمل سیاسی، انها به تمام اقدامات اجباری علیه طبقه کارگر
می پیوندند.

and in ordinary life, despite their highfalutin phrases, they
stoop to pick up the golden apples dropped from the tree of
industry

و در زندگی عادی، علیرغم عبارات پرفالوتین، خم میشوند تا سیبهای
طلایی را که از درخت صنعت افتادهاند بردارند.

and they barter truth, love, and honour for commerce in
wool, beetroot-sugar, and potato spirits

و انها حقیقت، عشق و افتخار را با تجارت پشم، شکر چغندر و ارواح
سیب زمینی مبادله می کنند.

As the parson has ever gone hand in hand with the landlord,
so has Clerical Socialism with Feudal Socialism

همانطور که کشیش تا به حال دست در دست صاحبخانه رفته است،
سوسیالیسم روحانیت با سوسیالیسم فئودالی نیز همراه است

Nothing is easier than to give Christian asceticism a Socialist
tinge

هیچ چیز اسان تر از این نیست که به زاهد مسیحی یک شئاتر
سوسیالیستی بدهیم

Has not Christianity declaimed against private property,
against marriage, against the State?

ایا مسیحیت علیه مالکیت خصوصی، علیه ازدواج و علیه دولت ادعا
نکرده است؟

Has Christianity not preached in the place of these, charity
and poverty?

ایا مسیحیت به جای اینها، خیریه و فقر موعظه نکرده است؟

Does Christianity not preach celibacy and mortification of
the flesh, monastic life and Mother Church?

ایا مسیحیت مجردی و تحقیر گوشت، زندگی صومعه و کلیسای مادر را موعظه نمی کند؟

Christian Socialism is but the holy water with which the priest consecrates the heart-burnings of the aristocrat

سوسیالیسم مسیحی چیزی جز اب مقدسی نیست که کشیش با ان قلب سوز های اشراف زاده را تقدیس می کند.

b) Petty-Bourgeois Socialism

ب) سوسیالیسم خرده بورژوائی

The feudal aristocracy was not the only class that was ruined by the Bourgeoisie

اشرافیت فئودالی تنها طبقه ای نبود که توسط بورژوازی نابود شد.

it was not the only class whose conditions of existence pined and perished in the atmosphere of modern Bourgeoisie society

این تنها طبقه ای نبود که شرایط زندگی اش در فضای جامعه بورژوازی مدرن به هم می خورد و نابود می شد.

The medieval burgesses and the small peasant proprietors were the precursors of the modern Bourgeoisie

بورژواهای قرون وسطایی و مالکان کوچک دهقانی پیشگامان بورژوازی مدرن بودند

In those countries which are but little developed, industrially and commercially, these two classes still vegetate side by side

در کشورهایی که از نظر صنعتی و تجاری کمتر توسعه یافته هستند، این دو طبقه هنوز در کنار هم قرار دارند.

and in the meantime the Bourgeoisie rise up next to them: industrially, commercially, and politically

و در عین حال بورژوازی در کنار انها قیام می کند: صنعتی، تجاری و سیاسی

In countries where modern civilisation has become fully developed, a new class of petty Bourgeoisie has been formed

در کشورهایی که تمدن مدرن به طور کامل توسعه یافته است، طبقه جدیدی از خرده بورژوازی تشکیل شده است.

this new social class fluctuates between proletariat and Bourgeoisie

این طبقه اجتماعی جدید بین پرولتاریا و بورژوازی در نوسان است

and it is ever renewing itself as a supplementary part of Bourgeoisie society

و همواره خود را به عنوان یک بخش تکمیلی از جامعه بورژوازی تجدید می کند

The individual members of this class, however, are being constantly hurled down into the proletariat

با این حال، اعضای این طبقه به طور مداوم به پرولتاریا پرتاب می شوند.

they are sucked up by the proletariat through the action of competition

انها توسط پرولتاریا از طریق عمل رقابت مکیده می شوند

as modern industry develops they even see the moment approaching when they will completely disappear as an independent section of modern society

همانطور که صنعت مدرن توسعه می یابد، انها حتی لحظه ای را می بینند که به طور کامل به عنوان یک بخش مستقل از جامعه مدرن ناپدید می شوند.

they will be replaced, in manufactures, agriculture and commerce, by overlookers, bailiffs and shopmen

انها در تولید، کشاورزی و تجارت، توسط نادیده گیرندگان، مجریان و مغازه داران جایگزین خواهند شد

In countries like France, where the peasants constitute far more than half of the population

در کشورهایی مانند فرانسه، جایی که دهقانان بیش از نیمی از جمعیت را تشکیل می دهند.

it was natural that there there are writers who sided with the proletariat against the Bourgeoisie

طبیعی بود که نویسندگانی هستند که طرف پرولتاریا را در برابر بورژوازی گرفتهاند

in their criticism of the Bourgeoisie regime they used the standard of the peasant and petty Bourgeoisie

در انتقاد از رژیم بورژوازی از استاندارد دهقانان و خرده بورژوازی استفاده کردند

and from the standpoint of these intermediate classes they take up the cudgels for the working class

و از نقطه نظر این طبقات متوسط چماقها را برای طبقه کارگر می گیرند

Thus arose petty-Bourgeoisie Socialism, of which Sismondi was the head of this school, not only in France but also in England

بدین ترتیب سوسیالیسم خرده بورژوازی به وجود امد، که یسمونی رئیس این مدرسه بود، نه تنها در فرانسه بلکه در انگلستان.

This school of Socialism dissected with great acuteness the contradictions in the conditions of modern production

این مکتب سوسیالیسم تناقضات موجود در شرایط تولید مدرن را با شدت زیادی تشریح میکرد

This school laid bare the hypocritical apologies of economists

این مدرسه عذرخواهی ریاکارانه اقتصاددانان را اشکار کرد

This school proved, incontrovertibly, the disastrous effects of machinery and division of labour

این مدرسه، بدون هیچ انکاری، اثرات فاجعه بار ماشین الات و تقسیم کار را ثابت کرد.

it proved the concentration of capital and land in a few hands

این نشان داد که سرمایه و زمین در دست چند نفر است

it proved how overproduction leads to Bourgeoisie crises

این نشان داد که چگونه تولید بیش از حد منجر به بحران بورژوازی می شود

it pointed out the inevitable ruin of the petty Bourgeoisie and peasant

به نابودی اجتناب ناپذیر خرده بورژوازی و دهقانان اشاره داشت

the misery of the proletariat, the anarchy in production, the crying inequalities in the distribution of wealth

بدبختی پرولتاریا، هرج و مرج در تولید، نابرابری گریه در توزیع ثروت

it showed how the system of production leads the industrial war of extermination between nations

این نشان داد که چگونه سیستم تولید منجر به جنگ صنعتی نابودی بین ملت ها می شود

the dissolution of old moral bonds, of the old family relations, of the old nationalities

انحلال پیوندهای اخلاقی کهن، روابط خانوادگی قدیمی، ملیتهای کهن

In its positive aims, however, this form of Socialism aspires to achieve one of two things

با این حال، در اهداف مثبت خود، این شکل از سوسیالیسم ارزوی دستیابی به یکی از این دو چیز را دارد.

either it aims to restore the old means of production and of exchange

یا قصد دارد وسایل قدیمی تولید و مبادله را احیا کند.

and with the old means of production it would restore the old property relations, and the old society

و با وسایل قدیمی تولید، روابط مالکیت قدیمی و جامعه قدیمی را احیا خواهد کرد.

or it aims to cramp the modern means of production and exchange into the old framework of the property relations

یا هدف ان این است که ابزار مدرن تولید و مبادله را به چارچوب قدیمی روابط مالکیت تبدیل کند.

In either case, it is both reactionary and Utopian

در هر دو مورد، هم ارتجاعی و هم اتوپیایی است.

Its last words are: corporate guilds for manufacture, patriarchal relations in agriculture

اخرین کلمات ان عبارتند از: اصناف شرکت برای تولید، روابط پدرسالارانه در کشاورزی

Ultimately, when stubborn historical facts had dispersed all intoxicating effects of self-deception

در نهایت، هنگامی که حقایق تاریخی سرسختانه تمام اثرات مست کننده خود فریبی را پراکنده کرده بود

this form of Socialism ended in a miserable fit of pity

این شکل از سوسیالیسم با ترحمی رقتانگیز پایان یافت

c) German, or "True," Socialism

ج) سوسیالیسم المانی یا "واقعی"

The Socialist and Communist literature of France originated under the pressure of a Bourgeoisie in power

ادبیات سوسیالیستی و کمونیستی فرانسه تحت فشار بورژوازی در قدرت اغاز شد.

and this literature was the expression of the struggle against this power

و این ادبیات مظهر مبارزه علیه این قدرت بود

it was introduced into Germany at a time when the Bourgeoisie had just begun its contest with feudal absolutism

این کتاب در زمانی به المان وارد شد که بورژوازی تازه مبارزه خود را با استبداد فئودالی اغاز کرده بود.

German philosophers, would-be philosophers, and beaux esprits, eagerly seized on this literature

فیلسوفان المانی، فیلسوفان می شود، و روح زیبا، مشتاقانه در این ادبیات به دست گرفت

but they forgot that the writings immigrated from France into Germany without bringing the French social conditions along

اما فراموش کردند که نوشتهها از فرانسه به المان مهاجرت کردهاند بدون انکه شرایط اجتماعی فرانسه را به همراه داشته باشند.

In contact with German social conditions, this French literature lost all its immediate practical significance

در تماس با شرایط اجتماعی المان، این ادبیات فرانسوی تمام اهمیت عملی فوری خود را از دست داد.

and the Communist literature of France assumed a purely literary aspect in German academic circles

و ادبیات کمونیستی فرانسه در محافل دانشگاهی المان جنبه ادبی محض به خود گرفت

Thus, the demands of the first French Revolution were nothing more than the demands of "Practical Reason"

بنابراین، خواسته های انقلاب اول فرانسه چیزی بیش از خواسته های "عقل عملی" نبود.

and the utterance of the will of the revolutionary French Bourgeoisie signified in their eyes the law of pure Will

و بیان اراده بورژوازی انقلابی فرانسه در چشم انها قانون اراده خالص را نشان می داد

it signified Will as it was bound to be; of true human Will generally

این به معنای ویل بود، همانطور که باید باشد؛ از اراده واقعی انسان به طور کلی

The world of the German literati consisted solely in bringing the new French ideas into harmony with their ancient philosophical conscience

جهان ادبیات المانی تنها شامل اوردن ایده های جدید فرانسوی به هماهنگی با وجدان فلسفی باستانی انها بود.

or rather, they annexed the French ideas without deserting their own philosophic point of view

یا بهتر بگویم، انها ایدههای فرانسوی را ضمیمه کردند بدون اینکه دیدگاه فلسفی خود را رها کنند.

This annexation took place in the same way in which a foreign language is appropriated, namely, by translation

این الحاق به همان شیوه ای صورت گرفت که یک زبان خارجی، یعنی با ترجمه، اختصاص داده می شود.

It is well known how the monks wrote silly lives of Catholic Saints over manuscripts

به خوبی شناخته شده است که چگونه راهبان زندگی احمقانه مقدسین کاتولیک را بر روی نسخه های خطی نوشتند

the manuscripts on which the classical works of ancient heathendom had been written

دستنوشتههایی که اثار کلاسیک امتهای باستانی بر روی انها نوشته شده بود

The German literati reversed this process with the profane French literature

ادبیات المانی این روند را با ادبیات فرانسوی بی حرمتی معکوس کرد

They wrote their philosophical nonsense beneath the French original

انها چرندیات فلسفی خود را در زیر اصل فرانسوی نوشتند

For instance, beneath the French criticism of the economic
functions of money, they wrote "Alienation of Humanity"

به عنوان مثال، در زیر انتقاد فرانسه از عملکرد اقتصادی پول، انها
"بیگانگی بشریت" را نوشتند.

beneath the French criticism of the Bourgeoisie State they
wrote "dethronement of the Category of the General"

در زیر انتقاد فرانسه از دولت بورژوازی انها نوشتند "خلع طبقه
عمومی"

The introduction of these philosophical phrases at the back
of the French historical criticisms they dubbed:

معرفی این عبارات فلسفی در پشت انتقادات تاریخی فرانسه انها لقب:

"Philosophy of Action," "True Socialism," "German Science
of Socialism," "Philosophical Foundation of Socialism," and
so on

فلسفه عمل»، سوسیالیسم واقعی»، علم سوسیالیسم المان»، بنیاد فلسفی
سوسیالیسم» و غیره

The French Socialist and Communist literature was thus
completely emasculated

بدین ترتیب ادبیات سوسیالیستی و کمونیستی فرانسه کاملا از بین میرفت

in the hands of the German philosophers it ceased to express
the struggle of one class with the other

در دست فلاسفه المانی از بیان کشمکش یک طبقه با طبقه دیگر دست
کشید

and so the German philosophers felt conscious of having
overcome "French one-sidedness"

و بنابراین فیلسوفان المانی احساس می کردند که از غلبه بر "یک طرفه
بودن فرانسه" اگاه هستند.

it did not have to represent true requirements, rather, it
represented requirements of truth

لازم نبود الزامات واقعی را نشان دهد، بلکه نشان دهنده الزامات حقیقت
بود.

there was no interest in the proletariat, rather, there was
interest in Human Nature

هیچ علاقه ای به پرولتاریا وجود نداشت، بلکه علاقه به طبیعت انسان
وجود داشت.

the interest was in Man in general, who belongs to no class, and has no reality

علاقه به انسان به طور کلی بود، که متعلق به هیچ طبقه ای نیست و واقعیت ندارد

a man who exists only in the misty realm of philosophical fantasy

مردی که فقط در قلمرو مبهم فانتزی فلسفی وجود دارد

but eventually this schoolboy German Socialism also lost its pedantic innocence

اما سرانجام این سوسیالیسم المانی دانش اموز نیز معصومیت خود را از دست داد

the German Bourgeoisie, and especially the Prussian Bourgeoisie fought against feudal aristocracy

بورژوازی المان و به ویژه بورژوازی پروس علیه اشرافیت فئودالی جنگیدند

the absolute monarchy of Germany and Prussia was also being faught against

سلطنت مطلقه المان و پروس نیز علیه

and in turn, the literature of the liberal movement also became more earnest

و به نوبه خود، ادبیات جنبش لیبرال نیز جدی تر شد

Germany's long wished-for opportunity for "true" Socialism was offered

فرصت طولانی مدت المان برای سوسیالیسم "واقعی" ارائه شد

the opportunity of confronting the political movement with the Socialist demands

فرصت مقابله با جنبش سیاسی با مطالبات سوسیالیستی

the opportunity of hurling the traditional anathemas against liberalism

فرصتی برای پرتاب نفرت سنتی علیه لیبرالیسم

the opportunity to attack representative government and Bourgeoisie competition

فرصتی برای حمله به دولت نماینده و رقابت بورژوازی

Bourgeoisie freedom of the press, Bourgeoisie legislation, Bourgeoisie liberty and equality

ازادی مطبوعات بورژوازی، قانون بورژوازی، ازادی بورژوازی و
برابری

all of these could now be critiqued in the real world, rather
than in fantasy

همه اینها اکنون می تواند در دنیای واقعی مورد انتقاد قرار گیرد، نه در
فانتزی

feudal aristocracy and absolute monarchy had long preached
to the masses

اریستوکراسی فئودالی و سلطنت مطلقه مدتها بود که برای تودهها
موعظه میکردند

"the working man has nothing to lose, and he has everything
to gain"

کارگر چیزی برای از دست دادن ندارد و همه چیز برای به دست اوردن
دارد.

the Bourgeoisie movement also offered a chance to confront
these platitudes

جنبش بورژوازی نیز فرصتی برای مقابله با این چیزهای مبتذل ارائه
داد

the French criticism presupposed the existence of modern
Bourgeoisie society

انتقاد فرانسویها وجود جامعه بورژوازی مدرن را پیش فرض میکرد

Bourgeoisie economic conditions of existence and
Bourgeoisie political constitution

شرایط اقتصادی وجودی بورژوازی و قانون اساسی سیاسی بورژوازی

the very things whose attainment was the object of the
pending struggle in Germany

همان چیزهایی که دستیابی به انها هدف مبارزهی در حال انتظار در
المان بود

Germany's silly echo of socialism abandoned these goals
just in the nick of time

پژواک احمقانه سوسیالیسم المان این اهداف را درست در زمان مناسب
رها کرد

the absolute governments had their following of parsons,
professors, country squires and officials

دولتهای مطلقه از پارسونها، استادان، مهتریان و مقامات کشور پیروی
میکردند

the government of the time met the German working-class risings with floggings and bullets

دولت ان زمان قیامهای طبقه کارگر المان را با شلاق و گلوله مواجه کرد.

for them this socialism served as a welcome scarecrow against the threatening Bourgeoisie

برای انها این سوسیالیسم به عنوان یک مترسک خوش امد گویی در برابر بورژوازی تهدید امیز بود

and the German government was able to offer a sweet dessert after the bitter pills it handed out

و دولت المان بعد از قرصهای تلخی که به دست میداد، توانست دسر شیرینی به او تعارف کند.

this "True" Socialism thus served the governments as a weapon for fighting the German Bourgeoisie

این سوسیالیسم "واقعی" بدین ترتیب به عنوان سلاحی برای مبارزه با بورژوازی المان به دولت ها خدمت کرد.

and, at the same time, it directly represented a reactionary interest; that of the German Philistines

و در عین حال، ان را به طور مستقیم نشان دهنده منافع ارتجاعی؛ که از فلسطینیهای المان بود

In Germany the petty Bourgeoisie class is the real social basis of the existing state of things

در المان طبقه خرده بورژوازی پایه و اساس اجتماعی واقعی وضعیت موجود امور است.

a relique of the sixteenth century that has constantly been cropping up under various forms

یک relique از قرن شانزدهم است که به طور مداوم در اشکال مختلف رشد می کند

To preserve this class is to preserve the existing state of things in Germany

حفظ این طبقه یعنی حفظ وضع موجود در المان.

The industrial and political supremacy of the Bourgeoisie threatens the petty Bourgeoisie with certain destruction

برتری صنعتی و سیاسی بورژوازی خرده بورژوازی را با نابودی حتمی تهدید میکند.

on the one hand, it threatens to destroy the petty Bourgeoisie through the concentration of capital

از یک طرف، تهدید به نابودی خرده بورژوازی از طریق تمرکز سرمایه است.

on the other hand, the Bourgeoisie threatens to destroy it through the rise of a revolutionary proletariat

از سوی دیگر، بورژوازی تهدید به نابودی ان از طریق ظهور یک پرولتاریای انقلابی می کند.

"True" Socialism appeared to kill these two birds with one stone. It spread like an epidemic

به نظر می رسد سوسیالیسم "واقعی" این دو پرنده را با یک سنگ می کشد. مثل یک بیماری همه گیر گسترش می یابد

The robe of speculative cobwebs, embroidered with flowers of rhetoric, steeped in the dew of sickly sentiment

ردای تار عنکبوتهای سوداگرانه که با گلهای لفاظی دوزی شده بود و در شبنم احساسات بیمارگونه غوطه ور بود

this transcendental robe in which the German Socialists wrapped their sorry "eternal truths"

این ردای متعالی که سوسیالیستهای المانی حقایق ابدی» تاسفبار خود را در ان میپیچند

all skin and bone, served to wonderfully increase the sale of their goods amongst such a public

همه پوست و استخوان، خدمت به فوق العاده افزایش فروش کالاهای خود را در میان چنین عمومی

And on its part, German Socialism recognised, more and more, its own calling

و به نوبه خود، سوسیالیسم المان، بیشتر و بیشتر، فراخوان خود را به رسمیت شناخت

it was called to be the bombastic representative of the petty-Bourgeoisie Philistine

ان را نماینده پر سر و صدا از خرده بورژوازی فلسطینی نامیده می شد

It proclaimed the German nation to be the model nation, and German petty Philistine the model man

ملت المان را ملت نمونه اعلام کرد و فلسطینی کوچک المانی مرد نمونه

To every villainous meanness of this model man it gave a hidden, higher, Socialistic interpretation

برای هر بدجنسی شرورانه این مرد نمونه، تفسیر پنهان، بالاتر و سوسیالیستی بود

this higher, Socialistic interpretation was the exact contrary of its real character

این تفسیر سوسیالیستی بالاتر دقیقا بر خلاف شخصیت واقعی ان بود

It went to the extreme length of directly opposing the "brutally destructive" tendency of Communism

این به شدت به مخالفت مستقیم با گرایش "وحشیانه مخرب" کمونیسم رسید.

and it proclaimed its supreme and impartial contempt of all class struggles

و تحقیر عالی و بی طرفانه خود را از تمام مبارزات طبقاتی اعلام کرد

With very few exceptions, all the so-called Socialist and Communist publications that now (1847) circulate in Germany belong to the domain of this foul and enervating literature

با استثنائات بسیار کمی، تمام نشریات به اصطلاح سوسیالیستی و کمونیستی که اکنون (1847) در المان گردش می کنند، متعلق به حوزه این ادبیات کثیف و خسته کننده است.

2) Conservative Socialism, or Bourgeoisie Socialism

سوسیالیسم محافظه کار یا سوسیالیسم بورژوازی

A part of the Bourgeoisie is desirous of redressing social grievances

بخشی از بورژوازی خواهان جبران نارضایتیهای اجتماعی است

in order to secure the continued existence of Bourgeoisie society

به منظور تضمین تداوم وجود جامعه بورژوازی

To this section belong economists, philanthropists, humanitarians

به این بخش متعلق به اقتصاددانان، بشردوستان، بشردوستانه

improvers of the condition of the working class and organisers of charity

بهبود وضعیت طبقه کارگر و سازمان دهندگان خیریه

members of societies for the prevention of cruelty to animals

اعضای جوامع برای جلوگیری از ظلم به حیوانات

temperance fanatics, hole-and-corner reformers of every imaginable kind

متعصبان اعتدال، اصلاح طلبان سوراخ و گوشه از هر نوع قابل تصور

This form of Socialism has, moreover, been worked out into complete systems

علاوه بر این، این شکل از سوسیالیسم به سیستم های کامل تبدیل شده است.

We may cite Proudhon's "Philosophie de la Misère" as an example of this form

ما ممکن است "Philosophie de la Misère" پرودون را به عنوان نمونه ای از این فرم ذکر کنیم

The Socialistic Bourgeoisie want all the advantages of modern social conditions

بورژوازی سوسیالیستی تمام مزایای شرایط اجتماعی مدرن را می خواهد

but the Socialistic Bourgeoisie don't necessarily want the resulting struggles and dangers

اما بورژوازی سوسیالیستی لزوما مبارزات و خطرات ناشی از ان را نمی خواهد

They desire the existing state of society, minus its
revolutionary and disintegrating elements

انها خواهان وضعیت موجود جامعه، منهای عناصر انقلابی و متلاشی
کننده ان هستند.

in other words, they wish for a Bourgeoisie without a
proletariat

به عبارت دیگر، انها برای یک بورژوازی بدون پرولتاریا ارزو می
کنند

The Bourgeoisie naturally conceives the world in which it is
supreme to be the best

بورژوازی به طور طبیعی جهانی را تصور می کند که در ان عالی
است که بهترین باشد.

and Bourgeoisie Socialism develops this comfortable
conception into various more or less complete systems

و بورژوازی سوسیالیسم این مفهوم راحت را به نظامهای کم و بیش
کامل توسعه میدهد.

they would very much like the proletariat to march
straightway into the social New Jerusalem

خیلی دوست دارند که پرولتاریا بیراهه به سوی اورشلیم جدید اجتماعی
حرکت کند

but in reality it requires the proletariat to remain within the
bounds of existing society

اما در واقع این امر مستلزم ان است که پرولتاریا در محدوده جامعه
موجود باقی بماند.

they ask the proletariat to cast away all their hateful ideas
concerning the Bourgeoisie

انها از پرولتاریا میخواهند که تمام اندیشههای نفرتانگیز خود را درباره
بورژوازی کنار نهند،

there is a second more practical, but less systematic, form of
this Socialism

یک شکل دوم عملی تر، اما کمتر سیستماتیک، از این سوسیالیسم وجود
دارد

this form of socialism sought to depreciate every
revolutionary movement in the eyes of the working class

این شکل از سوسیالیسم به دنبال تحقیر هر جنبش انقلابی در چشم طبقه
کارگر بود

they argue no mere political reform could be of any
advantage to them

انها استدلال می کنند که هیچ اصلاح سیاسی صرف نمی تواند به نفع انها
باشد

only a change in the material conditions of existence in
economic relations are of benefit

تنها تغییر در شرایط مادی وجود در مناسبات اقتصادی سودمند است.

like communism, this form of socialism advocates for a
change in the material conditions of existence

مانند کمونیسم، این شکل از سوسیالیسم طرفدار تغییر در شرایط مادی
وجود است.

however, this form of socialism by no means suggests the
abolition of the Bourgeoisie relations of production

با این حال، این شکل از سوسیالیسم به هیچ وجه نشان نمی دهد لغو
روابط تولید بورژوازی

the abolition of the Bourgeoisie relations of production can
only be achieved through a revolution

الغای روابط تولید بورژوازی تنها از طریق یک انقلاب حاصل خواهد
شد.

but instead of a revolution, this form of socialism suggests
administrative reforms

اما به جای انقلاب، این شکل از سوسیالیسم اصلاحات اداری را نشان
می دهد

and these administrative reforms would be based on the
continued existence of these relations

و این اصلاحات اداری مبتنی بر ادامه وجود این روابط خواهد بود

reforms, therefore, that in no respect affect the relations
between capital and labour

بنابراین، اصلاحاتی که به هیچ وجه بر روابط بین سرمایه و کار تاثیر
نمی گذارد.

at best, such reforms lessen the cost and simplify the
administrative work of Bourgeoisie government

در بهترین حالت، چنین اصلاحاتی هزینه را کاهش می دهد و کار اداری
دولت بورژوازی را ساده می کند.

Bourgeois Socialism attains adequate expression, when, and
only when, it becomes a mere figure of speech

سوسیالیسم بورژوایی به بیان کافی دست می یابد، چه زمانی و تنها زمانی که صرفا به یک شخصیت گفتاری تبدیل می شود.

Free trade: for the benefit of the working class

تجارت ازاد: به نفع طبقه کارگر

Protective duties: for the benefit of the working class

وظایف حفاظتی: به نفع طبقه کارگر

Prison Reform: for the benefit of the working class

اصلاح زندان: به نفع طبقه کارگر

This is the last word and the only seriously meant word of Bourgeoisie Socialism

این اخرین کلمه و تنها کلمه جدی سوسیالیسم بورژوازی است.

It is summed up in the phrase: the Bourgeoisie is a Bourgeoisie for the benefit of the working class

در این عبارت خلاصه می شود: بورژوازی یک بورژوازی است که به نفع طبقه کارگر است.

3) Critical-Utopian Socialism and Communism

انتقادی- ارمانشهری سوسیالیسم و کمونیسم

We do not here refer to that literature which has always given voice to the demands of the proletariat

ما در اینجا به ادبیاتی اشاره نمیکنیم که همواره خواستههای پرولتاریا را به صدا در اورده است.

this has been present in every great modern revolution, such as the writings of Babeuf and others

این در هر انقلاب بزرگ مدرن، مانند نوشته های بابوف و دیگران وجود داشته است.

The first direct attempts of the proletariat to attain its own ends necessarily failed

اولین تلاشهای مستقیم پرولتاریا برای رسیدن به اهداف خود ضرورتا با شکست مواجه شد.

these attempts were made in times of universal excitement, when feudal society was being overthrown

این تلاشها در زمان هیجان جهانی، زمانی که جامعه فئودالی در حال سرنگونی بود، انجام شد.

the then undeveloped state of the proletariat led to those attempts failing

دولت پرولتاریا که در ان زمان توسعه نیافته بود، منجر به شکست این تلاشها شد.

and they failed due to the absence of the economic conditions for its emancipation

و انها به دلیل عدم وجود شرایط اقتصادی برای رهایی ان شکست خوردند

conditions that had yet to be produced, and could be produced by the impending Bourgeoisie epoch alone

شرایطی که هنوز به وجود نیامده بود و تنها با عصر قریب الوقوع بورژوازی می توانست تولید شود

The revolutionary literature that accompanied these first movements of the proletariat had necessarily a reactionary character

ادبیات انقلابی که با این جنبشهای اولیه پرولتاریا همراه بود، ضرورتا خصلت ارتجاعی داشت.

This literature inculcated universal asceticism and social levelling in its crudest form

این ادبیات زاهدانه جهانی و تسطیف اجتماعی را در خامترین شکل خود القا میکرد.

The Socialist and Communist systems, properly so called, spring into existence in the early undeveloped period

سیستم های سوسیالیستی و کمونیستی، به درستی به اصطلاح، در اوایل دوره توسعه نیافته به وجود می ایند

Saint-Simon, Fourier, Owen and others, described the struggle between proletariat and Bourgeoisie (see Section 1)

سنت سیمون، فوریر، اوون و دیگران، مبارزه بین پرولتاریا و بورژوازی را توصیف کردند (بخش 1 را ببینید)

The founders of these systems see, indeed, the class antagonisms

بنیانگذاران این سیستم ها در واقع تضادهای طبقاتی را می بینند

they also see the action of the decomposing elements, in the prevailing form of society

انها همچنین عمل عناصر در حال تجزیه را در شکل غالب جامعه می بینند

But the proletariat, as yet in its infancy, offers to them the spectacle of a class without any historical initiative

اما پرولتاریا، که هنوز در دوران کودکی خود است، نمایش یک طبقه بدون هیچ ابتکار تاریخی را به انها ارائه می دهد.

they see the spectacle of a social class without any independent political movement

منظره ی یک طبقهی اجتماعی را میبینند که هیچ جنبش سیاسی مستقلی ندارد

the development of class antagonism keeps even pace with the development of industry

توسعه تضاد طبقاتی حتی با توسعه صنعت همگام است

so the economic situation does not as yet offer to them the material conditions for the emancipation of the proletariat

از این رو وضعیت اقتصادی هنوز شرایط مادی رهایی پرولتاریا را به انها عرضه نکرده است.

They therefore search after a new social science, after new social laws, that are to create these conditions

بنابراین انها به دنبال یک علوم اجتماعی جدید، پس از قوانین اجتماعی جدید، که این شرایط را ایجاد می کنند، جستجو می کنند.

historical action is to yield to their personal inventive action

عمل تاریخی این است که تسلیم عمل خلاقانه شخصی خود شوند

historically created conditions of emancipation are to yield to fantastic conditions

شرایط رهایی که از لحاظ تاریخی ایجاد شده است، باید به شرایط خیالی تسلیم شود

and the gradual, spontaneous class-organisation of the proletariat is to yield to the organisation of society

و سازمان طبقاتی تدریجی و خودجوش پرولتاریا باید تسلیم سازماندهی جامعه شود

the organisation of society specially contrived by these inventors

سازماندهی جامعه که به طور خاص توسط این مخترعان طراحی شده است

Future history resolves itself, in their eyes, into the propaganda and the practical carrying out of their social plans

تاریخ اینده، در چشم انها، خود را به تبلیغات و اجرای عملی برنامه های اجتماعی خود حل می کند.

In the formation of their plans they are conscious of caring chiefly for the interests of the working class

انها در شکل گیری نقشه هایشان اگاهند که عمدتا به منافع طبقه کارگر اهمیت می دهند.

Only from the point of view of being the most suffering class does the proletariat exist for them

تنها از نقطه نظر رنجشترین طبقه بودن است که پرولتاریا برای انها وجود دارد.

The undeveloped state of the class struggle and their own surroundings inform their opinions

وضعیت توسعه نیافته مبارزه طبقاتی و محیط اطراف انها نظرات انها را اگاه می کند

Socialists of this kind consider themselves far superior to all class antagonisms

سوسیالیستها از این نوع خود را بسیار برتر از همه تضادهای طبقاتی میدانند

They want to improve the condition of every member of society, even that of the most favoured

انها می خواهند وضعیت هر عضو جامعه را بهبود بخشند، حتی مورد علاقه ترین افراد.

Hence, they habitually appeal to society at large, without distinction of class

از این رو، انها معمولا به جامعه به طور کلی، بدون تمایز طبقه، تجدید نظر می کنند

nay, they appeal to society at large by preference to the ruling class

نه، انها به طور کلی جامعه را به طبقه حاکم ترجیح می دهند

to them, all it requires is for others to understand their system

برای انها، تنها چیزی که لازم است این است که دیگران سیستم خود را درک کنند.

because how can people fail to see that the best possible plan is for the best possible state of society?

زیرا چگونه مردم نمی توانند ببینند که بهترین برنامه ممکن برای بهترین وضعیت ممکن جامعه است؟

Hence, they reject all political, and especially all revolutionary, action

از این رو، انها تمام اقدامات سیاسی و به ویژه تمام اقدامات انقلابی را رد می کنند.

they wish to attain their ends by peaceful means

انها میخواهند با صلح و صفا به اهداف خود برسند

they endeavour, by small experiments, which are necessarily doomed to failure

انها با ازمایشهای کوچکی تلاش میکنند که لزوما محکوم به شکست هستند.

and by the force of example they try to pave the way for the new social Gospel

و با نیروی مثال انها سعی می کنند راه را برای انجیل اجتماعی جدید هموار کنند

Such fantastic pictures of future society, painted at a time when the proletariat is still in a very undeveloped state

چنین تصاویر فوق العاده ای از جامعه اینده، در زمانی که پرولتاریا هنوز در یک وضعیت بسیار توسعه نیافته است، نقاشی شده است.

and it still has but a fantastical conception of its own position

و هنوز تصوری خیالی از وضع خود دارد

but their first instinctive yearnings correspond with the yearnings of the proletariat

اما نخستین ارزوهای غریزی انها با ارزوهای پرولتاریا مطابقت دارد

both yearn for a general reconstruction of society

هر دو ارزوی بازسازی عمومی جامعه را دارند

But these Socialist and Communist publications also contain a critical element

اما این نشریات سوسیالیستی و کمونیستی نیز حاوی یک عنصر انتقادی هستند.

They attack every principle of existing society

انها به هر اصل جامعه موجود حمله می کنند

Hence they are full of the most valuable materials for the enlightenment of the working class

از این رو انها پر از ارزشمندترین مواد برای روشنگری طبقه کارگر هستند

they propose abolition of the distinction between town and country, and the family

انها پیشنهاد لغو تمایز بین شهر و روستا، و خانواده

the abolition of the carrying on of industries for the account of private individuals

لغو حمل در صنایع برای حساب از افراد خصوصی

and the abolition of the wage system and the proclamation of social harmony

و لغو نظام دستمزد و اعلام هماهنگی اجتماعی

the conversion of the functions of the State into a mere superintendence of production

تبدیل کارکردهای دولت به یک نظارت صرف بر تولید

all these proposals, point solely to the disappearance of class antagonisms

تمام این پیشنهادات، تنها به ناپدید شدن خصومتهای طبقاتی اشاره دارد

class antagonisms were, at that time, only just cropping up

خصومتهای طبقاتی در ان زمان تازه در حال ظهور بود

in these publications these class antagonisms are recognised
in their earliest, indistinct and undefined forms only

در این نشریات این تضادهای طبقاتی تنها در اولین، نامشخص و تعریف
نشده خود شناخته شده است.

These proposals, therefore, are of a purely Utopian character

بنابراین، این پیشنهادات از یک شخصیت صرفا اتوپیایی هستند

The significance of Critical-Utopian Socialism and
Communism bears an inverse relation to historical
development

اهمیت سوسیالیسم و کمونیسم ارمانشهری انتقادی رابطه معکوسی با
توسعه تاریخی دارد.

the modern class struggle will develop and continue to take
definite shape

مبارزه طبقاتی مدرن شکل قطعی خواهد گرفت و شکل قطعی خواهد
گرفت.

this fantastic standing from the contest will lose all practical
value

این ایستادگی خارق العاده از مسابقه تمام ارزش عملی خود را از دست
خواهد داد

these fantastic attacks on class antagonisms will lose all
theoretical justification

این حملههای خیالی به ضدیت طبقاتی همه توجیهات تئوریک را از دست
خواهد داد

the originators of these systems were, in many respects,
revolutionary

بنیانگذاران این سیستم ها از بسیاری جهات انقلابی بودند.

but their disciples have, in every case, formed mere
reactionary sects

اما شاگردان انها، در هر مورد، فرقه های ارتجاعی صرف تشکیل داده
اند

They hold tightly to the original views of their masters

انها نظرات اصلی اربابان خود را محکم نگه می دارند

but these views are in opposition to the progressive
historical development of the proletariat

اما این دیدگاهها در تضاد با تکامل تاریخی مترقی پرولتاریا هستند.

They, therefore, endeavour, and that consistently, to deaden
the class struggle

بنابراین، انها تلاش می کنند، و این به طور مداوم، برای از بین بردن
مبارزه طبقاتی

and they consistently endeavour to reconcile the class
antagonisms

و پیوسته میکوشند تا تضادهای طبقاتی را با هم اشتی دهند

They still dream of experimental realisation of their social
Utopias

انها هنوز رویای تحقق تجربی ارمانشهر های اجتماعی خود را دارند.

they still dream of founding isolated "phalansteres" and
establishing "Home Colonies"

انها هنوز رویای تاسیس "فالانستر های" جدا شده و ایجاد "مستعمرات
خانگی" را دارند.

they dream of setting up a "Little Icaria"—duodecimo
editions of the New Jerusalem

انها رویای راه اندازی یک "Icaria کوچک" - نسخه های دوازدهه
اورشلیم جدید

and they dream to realise all these castles in the air

و انها رویای تحقق تمام این قلعه در هوا

they are compelled to appeal to the feelings and purses of
the bourgeois

انها مجبورند به احساسات و کیف پولهای بورژواها مراجعه کنند

By degrees they sink into the category of the reactionary
conservative Socialists depicted above

به تدریج انها در مقوله سوسیالیست های محافظه کار ارتجاعی که در
بالا به تصویر کشیده شده است فرو می روند

they differ from these only by more systematic pedantry

این تفاوتها فقط به واسطهی یک دست و پا گرفتن منظمتر است.

and they differ by their fanatical and superstitious belief in
the miraculous effects of their social science

و با عقاید متعصبانه و خرافاتی خود در مورد اثرات معجزهاسای علوم
اجتماعی خود اختلاف نظر دارند

They, therefore, violently oppose all political action on the part of the working class

بنابراین، انها با خشونت با تمام اقدامات سیاسی طبقه کارگر مخالفت می کنند.

such action, according to them, can only result from blind unbelief in the new Gospel

به گفته انها، چنین عملی تنها می تواند ناشی از بی ایمانی کورکورانه به انجیل جدید باشد.

The Owenites in England, and the Fourierists in France, respectively, oppose the Chartists and the "Réformistes"

اونی ها در انگلستان و چهارمی ها در فرانسه به ترتیب با چارتیست ها و "فرمیست ها" مخالف هستند.

Position of the Communists in Relation to the Various Existing Opposision Parties

موضع کمونیستها در رابطه با احزاب مختلف مخالف موجود

Section II has made clear the relations of the Communists to the existing working-class parties

بخش دوم روابط کمونیستها با احزاب طبقه کارگر موجود را روشن ساخته است.

such as the Chartists in England, and the Agrarian Reformers in America

مانند چارتیست ها در انگلستان و اصلاح طلبان کشاورزی در امریکا

The Communists fight for the attainment of the immediate aims

کمونیستها برای دستیابی به اهداف فوری میجنگند

they fight for the enforcement of the momentary interests of the working class

انها برای اجرای منافع لحظه ای طبقه کارگر مبارزه می کنند

but in the political movement of the present, they also represent and take care of the future of that movement

اما در جنبش سیاسی زمان حال، انها همچنین اینده ان جنبش را نمایندگی و مراقبت می کنند.

In France the Communists ally themselves with the Social-Democrats

در فرانسه کمونیستها خود را با سوسیال دمکراتها متحد میکنند

and they position themselves against the conservative and radical Bourgeoisie

و خود را در برابر بورژوازی محافظه کار و رادیکال قرار می دهند

however, they reserve the right to take up a critical position in regard to phrases and illusions traditionally handed down from the great Revolution

با این حال، انها این حق را برای خود محفوظ می دارند که موضع انتقادی در رابطه با عبارات و توهمات سنتی از انقلاب بزرگ داشته باشند.

In Switzerland they support the Radicals, without losing sight of the fact that this party consists of antagonistic elements

انها در سوئیس از رادیکالها حمایت میکنند، بدون اینکه این واقعیت را از دست دهند که این حزب از عناصر متخاصم تشکیل شده است.

partly of Democratic Socialists, in the French sense, partly of radical Bourgeoisie

بخشی از سوسیالیستهای دموکراتیک، به معنای فرانسوی، بخشی از بورژوازی رادیکال

In Poland they support the party that insists on an agrarian revolution as the prime condition for national emancipation

در لهستان انها از حزبی حمایت می کنند که بر انقلاب ارضی به عنوان شرط اصلی رهایی ملی اصرار دارد.

that party which fomented the insurrection of Cracow in 1846

ان دسته که در سال 1846 به شورش کراکو دامن زد

In Germany they fight with the Bourgeoisie whenever it acts in a revolutionary way

در المان انها با بورژوازی هر زمان که به شیوه ای انقلابی عمل می کند، می جنگند.

against the absolute monarchy, the feudal squirearchy, and the petty Bourgeoisie

علیه سلطنت مطلقه، مهترشی فئودالی و خرده بورژوازی

But they never cease, for a single instant, to instil into the working class one particular idea

اما انها هرگز برای یک لحظه از القای یک ایده خاص به طبقه کارگر دست بر نمی دارند.

the clearest possible recognition of the hostile antagonism between Bourgeoisie and proletariat

روشنترین شناخت ممکن از خصومت خصمانه بین بورژوازی و پرولتاریا

so that the German workers may straightaway use the weapons at their disposal

تا کارگران المانی بتوانند بلافاصله از سلاحهایی که در اختیار دارند استفاده کنند

the social and political conditions that the Bourgeoisie must necessarily introduce along with its supremacy

شرایط اجتماعی و سیاسی که بورژوازی باید ضرورتا همراه با برتری خود معرفی کند

the fall of the reactionary classes in Germany is inevitable

سقوط طبقات ارتجاعی در المان اجتناب ناپذیر است

and then the fight against the Bourgeoisie itself may immediately begin

و سپس مبارزه علیه بورژوازی ممکن است بلافاصله اغاز شود

The Communists turn their attention chiefly to Germany, because that country is on the eve of a Bourgeoisie revolution

کمونیست ها توجه خود را عمدتا به المان معطوف می کنند، زیرا این کشور در استانه انقلاب بورژوازی است.

a revolution that is bound to be carried out under more advanced conditions of European civilisation

انقلابی که باید در شرایط پیشرفته تر تمدن اروپایی به اجرا در اید

and it is bound to be carried out with a much more developed proletariat

و باید با پرولتاریای بسیار پیشرفته تر انجام شود

a proletariat more advanced than that of England was in the seventeenth, and of France in the eighteenth century

پرولتاریای پیشرفتهتر از انگلستان در قرن هفدهم و پرولتاریای فرانسه در قرن هجدهم بود.

and because the Bourgeoisie revolution in Germany will be but the prelude to an immediately following proletarian revolution

و چون انقلاب بورژوازی در المان تنها مقدمه انقلاب پرولتری بلافاصله پس از ان خواهد بود

In short, the Communists everywhere support every revolutionary movement against the existing social and political order of things

به طور خلاصه، کمونیست ها در همه جا از هر جنبش انقلابی علیه نظم اجتماعی و سیاسی موجود حمایت می کنند.

In all these movements they bring to the front, as the leading question in each, the property question

در تمام این جنبشها، انها به عنوان سوال اصلی در هر یک، مسئله مالکیت را به جلو می اورند

no matter what its degree of development is in that country at the time

مهم نیست که در ان زمان در ان کشور چه میزان پیشرفت داشته باشد

**Finally, they labour everywhere for the union and
agreement of the democratic parties of all countries**

در نهایت، انها در همه جا برای اتحاد و توافق احزاب دموکراتیک همه
کشورها کار می کنند.

The Communists disdain to conceal their views and aims

کمونیست ها از پنهان کردن دیدگاه ها و اهداف خود بیزارند

**They openly declare that their ends can be attained only by
the forcible overthrow of all existing social conditions**

انها اشکارا اعلام می کنند که اهدافشان تنها با سرنگونی اجباری تمام
شرایط اجتماعی موجود به دست می اید.

Let the ruling classes tremble at a Communistic revolution

بگذارید طبقات حاکم در یک انقلاب کمونیستی بلرزند

The proletarians have nothing to lose but their chains

پرولترها چیزی برای از دست دادن ندارند جز زنجیرهایشان.

They have a world to win

انها دنیایی برای برنده شدن دارند

WORKING MEN OF ALL COUNTRIES, UNITE!

کارگران همه کشورها، متحد شوید!